# EL CÓDIGO DEL PODER PERSONAL

EMMA AILÍN GARCÍA
ALEJANDRA PARRA RINCÓN

# EL CÓDIGO DEL PODER PERSONAL

## 22 SECRETOS PARA SANAR Y MANIFESTAR LO QUE MERECES

Créditos de portada: © Genoveva Saavedra / aciditadiseño
Ilustración de portada: © iStock.com / d1sk
Diseño de interiores: © Liz Batta y Alejandra Ruiz / Cáskara Editorial
Ilustraciones de interiores: Cortesía de las autoras


Bajo el sello editorial PLANETA M.R.
Avenida Presidente Masarik núm. 111,
Piso 2, Polanco V Sección, Miguel Hidalgo
C.P. 11560, Ciudad de México
www.planetadelibros.us

Primera edición impresa en esta presentación: enero de 2026
ISBN: 978-607-39-3161-8



Impreso en los talleres de Corporación en Servicios
Integrales de Asesoría Profesional, S.A. de C.V.,
Calle E # 6, Parque Industrial
Puebla 2000, C.P. 72225, Puebla, Pue.
Impreso y hecho en México / *Printed in Mexico*

ESTA PODEROSA HERRAMIENTA TE HA ELEGIDO.

DESBLOQUEA TU CÓDIGO DEL PODER PERSONAL.

# ✦ ÍNDICE ✦

# ✦ PREFACIO ✦

En un mundo donde la búsqueda de plenitud, acompañada del afán de éxito, a menudo parece entrar en conflicto con ideales como la autenticidad y la espiritualidad, las sensaciones de frustración e impotencia pueden ser abrumadoras.

El código del poder personal emerge como un salvavidas en medio de la marea, ofreciendo una perspectiva transformadora de lo que significa vivir una vida plena y auténtica, activando tu poder personal.

Nosotras, Alejandra Parra Rincón y Emma Ailín García, hemos combinado nuestra sabiduría para crear este manual, que integra un método completo para desbloquear tu poder personal. Te revelaremos 22 secretos para sanar, reclamar tu poder y manifestar lo que quieras.

Cuando nuestros guías nos enviaron a Emma y a mí el mensaje de que debíamos compartir la sabiduría ancestral, empezamos a pensar cuál sería la forma más fácil para ti de recibir este conocimiento poderoso. Así nació *El código del poder personal*.

Para que conozcas un poco más de nuestra historia y cómo llegamos a lo que se nos reveló, te vamos a contar de nuestro *background*.

Yo soy Ale. Soy comunicadora, *speaker* transformacional, estratega de vida y negocios, también experta en *marketing* digital (mi primer amor y mi primera pasión). El mundo espiritual, en mis inicios, no era parte de mi proceso... Quería que lo fuera, pero no sabía cómo integrarlo a mi vida. Como posiblemente tú también, alma hermosa, me encontraba dividida entre el mundo profesional y ese llamado interno que me susurraba constantemente que había algo más profundo por descubrir.

Esa integración fue todo un proceso con subidas y bajadas. Me formé primero como licenciada en Comunicación Social con mención en Publicidad y Relaciones Públicas; seguí con estudios de maestría en Gerencia de Marketing y diversos diplomados profesionales. En mi búsqueda constante de crecimiento, me certifiqué como *coach* ontológica por la International Coach Federation, me formé en programación neurolingüística y en nivel avanzado de *reiki*. Mi pasión por el aprendizaje me ha llevado a realizar innumerables formaciones y certificaciones en crecimiento personal, inteligencia emocional y otras disciplinas transformadoras.

En este camino, descubrí que mi propósito era más grande que el éxito profesional; se trataba de guiar a otros a encontrar esa misma integración que yo tanto había buscado. He inspirado a millones de personas a desbloquear su máximo potencial, seres que, como yo al principio, buscaban integrar el éxito en sus vidas sin sacrificar su bienestar interior. Estoy profundamente agradecida de que hayas escogido regalarte este viaje e incorporar toda la sabiduría que hay en este libro. Vas a estar transitando este proceso de mi mano y la de Emma.

Y yo soy Emma. Soy conferencista, hipnoterapeuta, biodecodificadora, guía en intervenciones sistémicas, terapeuta de sanación, *reiki master*, *karuna master* y profesora internacional de yoga y meditación. He ayudado a miles de personas alrededor del mundo a sanar, encontrar el bienestar y vivir en plenitud. Desde muy chica, aunque siempre fui escéptica, sentía una conexión con el mundo espiritual... con aquello que lograba comprobar o vivir en primera persona.

Elegí viajar por el mundo para aprender de diferentes culturas. En el proceso, enfrenté mis traumas cara a cara, afronté infinitos miedos y di muchísimos saltos (o, más bien, caídas) hacia la incertidumbre. Todo eso, sin saberlo, para convertirme en una experta en sanación y manifestación de la vida que sabía que quería y que hoy estoy viviendo.

Cada vez que sentía que no podía más, la energía que todo lo mueve me mostraba el siguiente paso para avanzar. Aprendí cómo sanar a través de la alimentación, de diversas actividades y de los pensamientos. Descubrí cómo tu energía y tu mente pueden ayudarte a sanar y a transformarte en esa persona que quieres ser. En el trayecto, aprendí que casi nada de lo que haces es igual de poderoso si no lo respaldas con el poder de la intención.

Me convertí, con el tiempo y la experiencia, en una guía especializada en sanar bloqueos invisibles y trabas de esta vida y de vidas pasadas. Comenzaron a recomendarme personas que llegaban después de no recibir respuesta de múltiples especialistas o doctores, algo así como una esperanza para quienes vienen abatidos tras escuchar que no hay explicación para lo que transitan y que, por lo tanto, tampoco hay solución o remedio que calme sus males.

Y así es: a veces, el primer lugar donde hay que buscar es el último al que recurrimos, pues hay una parte de nosotros que se resiste a pensar que puede haber soluciones que funcionen, sobre todo cuando otros nos han dicho que no hay solución para el mal que nos pesa. Yo era así; a veces me olvidaba de mi poder y de que existen los milagros... Incluso hoy en día sucede que me sorprendo viendo lo que la energía divina es capaz de lograr cuando la persona que lo recibe les dice «sí» a los milagros.

He creado con Ale un manual que fusiona lo práctico y la espiritualidad para brindarte un enfoque integral. A través de procesos de hipnosis, lecturas de aura, sanaciones profundas y diferentes técnicas, guío a las personas en su camino de sanación, además de enseñarles cómo pueden también sanar a otros.

Miles de personas acceden a mis sesiones y vuelven después de un tiempo, después de haber vivido en carne propia los efectos positivos de estas limpiezas, desbloqueos y sanaciones. Será para mí un honor acompañarte de la mano de Ale en este viaje maravilloso que vamos a transitar. De hecho, te estábamos esperando. Sabemos que estás justo aquí por un motivo: este es tu momento para recibir lo que te vamos a revelar.

Nuestras perspectivas se complementan a la perfección, como el *yin* y el *yang*. La vida real es un *blend* de diversos elementos, y nuestras visiones dan nacimiento al *mix* perfecto para reclamar tu poder y crear tu vida desde ese lugar.

Entre las dos vamos a guiarte en un proceso muy profundo, pero a la vez sencillo, para sanar, reclamar tu poder y manifestar tus sueños. A lo largo de nuestro camino hemos acompañado a incontables personas en su proceso de transformación. Hemos sentido su profundo dolor y hemos sido testigos del poder y la fuerza que emerge cuando se dan cuenta de que en ellos reside el poder interior para transformar su presente y, por ende, escoger nuevos cimientos para construir su futuro. Los testimonios de quienes han recorrido este camino de nuestra mano son una prueba viviente del poder transformador de este código que vamos a compartir contigo. Hemos ayudado a innumerables personas alrededor del mundo a desbloquear su poder en diferentes áreas de sus vidas: personas, como María, que pasaron de estar estancadas en un trabajo sin sentido a crear un negocio próspero alineado con su pasión; o como Carlos, que sanó la relación con su padre y ahora irradia amor, sin miedo a mostrarse débil o vulnerable. Sus historias son un recordatorio de que la transformación no solo es posible, sino que es un don con el que naces y que solamente se activa después de que decides despertar tu poder interior.

Pero para experimentar estos cambios, es necesario que comiences el viaje. El costo de seguir postergando tu felicidad es demasiado alto comparado con los beneficios de reclamar tu poder y crear la vida que mereces. Uno de los mayores motivos por los que muchas personas postergan su proceso es que están acostumbradas a tolerar molestias, sufrimiento, incomodidad, injusticias... Tan acostumbradas están que estos males se convierten en pesadas mochilas y quienes las cargan van generando resistencia a su peso, como si cargaran un dolor entumecido. Con el tiempo hay una disociación entre eso que cargan y la repercusión que tiene en sus vidas.

Ahora te preguntamos: ¿realmente quieres eso para ti? Y si tienes hijos, ¿realmente decides estar pasándoles a ellos esa filosofía de vida? Sabemos que mereces mucho más y que, en el fondo de tu corazón, deseas una vida de mayor bienestar para ti y para tus seres queridos.

Otro de los motivos por los que muchos otros posponen su proceso es que sienten que necesitan saber por dónde avanzar o cuál es exactamente el problema. Para eso estamos aquí, para que no tengas esa traba, para que no necesites nada más que seguir nuestra guía y permitir que todo este conocimiento haga eco en ti. Te acompañaremos en tu proceso y estamos seguras de que cada hoja que leas con conciencia te brindará herramientas precisas para comenzar a manifestar un cambio duradero. Te acompañaremos y apoyaremos en cada paso del camino. Cada pieza de este libro, cada hoja, cada palabra, es una pieza de un gran rompecabezas. Cada secreto es una pieza invaluable, única, que tiene su lugar y está en perfecta armonía con todas las otras.

Ale te compartirá sus secretos para superar obstáculos, influir en los demás y moldear tu realidad de acuerdo con tus anhelos. Aprenderás el arte de la sutileza y la astucia, a potenciar tu fortaleza interior con encanto y gracia, y a alcanzar las cimas del éxito sin provocar resistencia.

Complementando esta perspectiva, Emma te ayudará a crear y mantener una visión compasiva centrada en la sanación, las leyes universales, la ley de atracción, la liberación de bloqueos y la manifestación. Te compartirá diferentes secretos para que te conectes con tu verdadero poder, ese que emana desde el núcleo de tu ser, pero que en este momento puede estar dormido. Alentándote a ser tu propio gurú, te acompañará a sanar heridas emocionales, a aceptar todo lo que eres y elevar tu conciencia. Esos son los cimientos de una transformación progresiva, amorosa y duradera.

Esta guía divina cuenta con 22 secretos. Cada uno de ellos abre una parte del portal a una transformación radical y profunda. Cada secreto viene acompañado de herramientas poderosas y ejercicios prácticos para integrar en tu día a día. Tendrás a tu alcance un arsenal de recursos para forjar cambios trascendentales en todas las esferas de tu existencia.

Este libro te invita a confiar en el proceso, adoptar la autenticidad y brillar con luz propia, recordando que tienes el poder de crear la realidad que deseas y que no es demasiado tarde para empezar a hacer las cosas de una manera diferente, más empoderadora.

Una vez que pongas en práctica cada uno de estos secretos, desatarás tu poder personal, reclamarás eso que tanto te corresponde y, lo mejor de todo, podrás poner en práctica los secretos para sanar esas heridas del pasado que, consciente o inconscientemente, has estado arrastrando. Este acompañamiento es tan amoroso que, cuando menos lo esperes, empezarás a experimentar los cambios en tu cuerpo, tu ser y tu vida. Por este motivo, te alentamos a tomar nota de los cambios que vayas experimentando, porque el proceso es tan respetuoso que es importante recordar y tomar nota de lo que te haya permitido empezar a hacer de diferente manera.

El único momento en el que puedes hacer algo al respecto es en el presente.

En este código sagrado del poder personal, las palabras a menudo van a buscar llevarte a un nuevo nivel de conciencia. Una y otra vez te estaremos guiando a ese estado atemporal de presencia. Mientras no alcances a experimentar o incorporar completamente aquello de lo que hablamos, algunos pasajes pueden resultarte algo repetitivos. Sin embargo, en cuanto lo experimentes y lo traigas a tu cuerpo, te darás cuenta de que tienen un poder ilimitado y pueden llegar a ser las llaves más provechosas y útiles para abrir las puertas de tu vida.

Puesto que toda persona lleva dentro de sí la semilla de la iluminación y a su gurú interior, nos dirigimos a esa sabiduría innata que existe más allá de los pensamientos cotidianos.

Esto significa que le hablaremos al ser profundo que inmediatamente reconoce la verdad universal, ese ser completo que resuena con ella y se fortalece con ella, sin juzgar y permitiendo que todo sea como es.

En estas páginas descubrirás un código sagrado que se irá revelando secreto a secreto. Cada ejercicio que realices desbloqueará una parte de este código transformador, permitiéndote acceder a niveles más profundos de tu poder personal.

Para asistirte en tu proceso de integración de cada secreto, a lo largo de esta obra encontrarás el símbolo de infinito (∞) después de ciertos pasajes clave. Son un recordatorio para que hagas una pausa en la lectura, te tomes un momento de silencio y sientas en lo profundo de tu ser la verdad de lo que se acaba de compartir. Es una invitación a reflexionar, a hacer un ejercicio práctico o simplemente a permitir que las enseñanzas se integren en tu cuerpo, mente y espíritu. El símbolo de infinito representa el poder ilimitado y eterno que reside en ti, esa fuerza transformadora que se activará a medida que te sumerjas en las páginas de este código poderoso y pongas en práctica los secretos revelados. Así, cada vez que veas ese símbolo date el regalo de la presencia consciente y permite que la sabiduría despierte y nutra al conocedor que hay en ti.

Además, al final de cada secreto encontrarás un mensaje del universo. Estos mensajes funcionan como guías para tu vida, ofreciéndote claridad cuando necesitas recordar lo que en verdad importa. Si los recibes con conciencia, pueden ayudarte a transitar mejor tu camino. No busques entenderlos con la mente, sino con el corazón abierto.

Recuerda: no se trata de acumular conocimiento, sino de integrar la verdad y la sabiduría de reconocer quién eres realmente. Esto te permitirá vivir desde un lugar de poder, plenitud y autenticidad. Confía en el proceso y disfruta del viaje.

El momento es ahora. Abre tu mente y tu corazón, y permite que estos secretos transformen tu realidad desde adentro hacia afuera. Confía en que cada palabra y cada ejercicio te están acercando a la mejor versión de ti.

A veces no sabes lo que necesitas hasta que no comienzas a tener un atisbo de cómo podría ser tu vida. Pero si algo está claro es que, para permitirte una mejora, debes decirle «sí» a la exploración de una nueva forma de sentir y vivir tu vida. Solo así vas a poder corroborar si el cambio es para mejor, porque, como mencionamos antes, a veces la costumbre hace que olvidemos que podemos escoger cambiar cómo son las cosas de nuestra vida.

Si se lo permites, cada uno de estos poderosos secretos actuará como faro que ilumine tu camino, despertando tu grandeza interior y la inspiración para reclamar el magnífico poder que es tu derecho divino. A tu ritmo, pero avanza. Si este libro te ha encontrado, es tu tiempo de liberarte de las cadenas y de ascender. *Tienes en tu interior un poder muchísimo más grande del que imaginas.*

Ale y Emma

# LA IMPORTANCIA DEL PODER PERSONAL

Imagina por un momento que tienes el control absoluto de tu vida. Que puedes superar cualquier obstáculo, influir positivamente en las personas que te rodean y moldear tu realidad según tus deseos. Eso es el poder personal. No se trata de tener un título o una cuenta bancaria abultada (aunque, si es lo que deseas, te aseguramos que va a ser más sencillo lograrlo desde tu poder personal), sino de conectarte con la fuerza interior que siempre ha estado dentro de ti, pero tal vez no sabías cómo activarla.

Seamos realistas: vivimos en un mundo que constantemente nos dice que no somos lo suficientemente buenos o inteligentes, que no merecemos el éxito o que el poder está en manos de unos pocos afortunados. Cuando tomamos a estas voces limitantes como si fueran la verdad absoluta, actúan como grilletes que nos mantienen atados a una vida de mediocridad. Si quieres reclamar tu poder personal, es momento de que decidas cuestionar estas narrativas y reemplazarlas por otras que te empoderen y te aporten algo. Esto no significa que esas voces dejen de existir, sino que dejan de tener poder sobre ti. Acuérdate de que tu mente se cree todo lo que le dices; por eso dile que mereces estar bien, que estás haciendo lo mejor que puedes, que agradeces lo que tienes, que hoy es un gran día y que mañana será mejor.

Para que comprendas el poder de los pensamientos, te vamos a dar un poco de contexto. Yo, Ale, hace varios me sentía completamente impotente. Estaba atrapada en un trabajo que no me llenaba, en una relación tóxica y con la autoestima por los suelos. Solo cuando comencé a cuestionar las creencias que me mantenían en ese estado de victimismo pude dar los primeros pasos hacia mi liberación.

No fue un camino recto, ni tampoco diría que uno sencillo. Y justamente por ello surgió la idea de este libro, para que no tengas que dar vueltas innecesarias y que tengas una guía directa, concreta y fácil de comprender. A través de terapias convencionales, alternativas, educación y práctica constante, aprendí a reconectar con mi poder interior y a tomar las riendas de mi vida, un paso a la vez. Pude transformar por completo mi vida, mis vínculos, la forma en la que me veo y me presento ante el mundo. Como Emma siempre me ha dicho, tu poder está en ti: solo debe ser activado de la forma correcta. Ella ha tenido desde siempre un don especial para percibir y conectar con las energías a su alrededor, algo que aún me maravilla. Así, mejor permito que ella misma te cuente un poco más de su historia.

Yo, Emma, desde pequeñita he tenido una visión y un oído particulares. Podía escuchar cosas en el silencio: percibía el sonido único de la energía de la gente. Es algo que nadie me enseñó, sino que vino conmigo, y fui aprendiendo a pulirlo desde pequeña. Aprendí oyendo que cada quien tenía su propio silencio, como una estática que tenía un tinte diferente para cada persona, que se hacía presente aunque no estuviera hablando.

En ese momento lo utilizaba, como la niña que era, para jugar. Así, sin saberlo, solía asustar a algunas personas cuando las reconocía en el silencio, sin verlas y sin que se hubieran anunciado.

Con el tiempo comencé a ver el aura de las personas, al principio como un velo y luego cada vez con más detalle: memorias, sucesos, pensamientos. Y me dolía mucho cada vez que veía algún aura apagada, bajita. No tanto por el hecho de ver a esa persona mal; lo que me destrozaba era que al mismo tiempo podía ver su potencial y su anhelo de reclamar ese poder. Sin embargo, su incapacidad de reconocerse capaces de tomar ese camino les impedía elegirlo.

El pasar de los años me permitió comprender que, en el fondo, me dolía ver esas auras apagadas porque no tenía herramientas para ayudar a las personas con un cambio. Era tan desgarrador como saber que alguien a quien amas tiene algo, pero no poderlo ayudar o cambiar su destino.

Transité lo que tenía que pasar y pasé por todo tipo de sufrimiento, absorbiendo como una esponja, hasta que incorporé las herramientas que tenía que sumar y reclamé mi poder personal.

Así aprendí que cada uno de nosotros tiene potenciales, y lo que se manifiesta como una realidad es eso que eliges porque crees que mereces. Algunas personas lo hacen como un sacrificio, otras como un castigo, otras por incredulidad o por miedo.

Por eso, tal como le decía a Ale, te digo ahora a ti: tienes en tu interior una chispa divina que te anima, la fuente inagotable de sabiduría, amor y creatividad que reside en lo más profundo de tu ser. Cuando te alineas con esta esencia comienzas a ver los desafíos de la vida, no como obstáculos, sino como oportunidades para crecer, sanar y transformarte.

Para acceder a este poder, primero tienes que estar dispuesto a reconocer a tu sombra. Las heridas emocionales del pasado, los miedos arraigados y los patrones de pensamiento negativos pueden crear una prisión interna que te impida vivir plenamente sin que seas consciente de ello. Es como ver a través de un espejo al que le ha ido cayendo polvo con el paso del tiempo. Puede que aún sirva para ver a grandes rasgos, pero solo cuando le pasas un paño y vuelve a tener su reflejo reluciente logras ver lo que te estabas perdiendo.

Es solo a través de la observación y aceptación como puedes empezar a derribar estos muros para dejar salir tu verdadero potencial.

Una herramienta poderosa para cultivar esta aceptación es la meditación. Hay miles de estilos para explorar. No tienes que resonar con todos: solo necesitas encontrar una práctica de meditación que vaya contigo. Entre mis diversos estudios, soy profesora internacional de yoga y meditación. Una de las muchas cosas que aprendí con mi práctica es que cuando te tomas el tiempo para estar en silencio y observar tus pensamientos y emociones sin juzgarte, comienzas a distinguir entre la voz de tu intuición y las voces del miedo y la duda. Con la práctica continua, fortaleces tu conexión con tu sabiduría interior y te vuelves más hábil para navegar por los desafíos de la vida desde un lugar de claridad y empoderamiento.

Como dice Emma, la meditación es una práctica transformadora. Pero el poder personal pleno no se queda solo en sanación y autoconocimiento. También implica poner tu capacidad a prueba, lo que te permite crear la realidad que mereces. El secreto está en alinear tus pensamientos, sentimientos y acciones con una intención clara y positiva para ti. Cuando te enfocas constantemente en lo que quieres, en lugar de centrarte en lo que temes o no quieres que pase, comienzas a atraer a las personas, oportunidades y recursos que necesitas para hacer realidad tus sueños. Como decimos siempre: donde pones el foco pones la energía. Y cuando enfocas tu energía en lograr las metas que materializan eso que sueñas, los sueños se convierten, paso a paso, en una realidad.

Un ejercicio simple pero poderoso para llevar tu energía a manifestar tus deseos es crear una carta mapa de manifestación. De esto te hablaremos luego, en el capítulo sobre la manifestación. Y por supuesto, como vas a descubrir en este libro, llevar a cabo esas técnicas no es lo único que necesitas para manifestar. Necesitas el proceso completo que encuentras en este libro.

Hemos hecho talleres para ayudar a miles de personas a manifestar, y así pasar de sueños en el aire a metas realizadas. Y lo que hace a nuestros talleres tan poderosos es que no nos enfocamos solo en manifestar, sino que llevamos a las personas a vivir la experiencia de transitar el proceso de sanar y reclamar su poder personal. Ahí están con toda su energía disponible para manifestar.

Por eso hemos dividido este libro en partes, porque intentar manifestar sin antes haber soltado lo que cumplió su ciclo es como intentar ganar una maratón cargando en la espalda una mochila que pesa una tonelada: no importa cuánto lo intentes, cuánto desees ganar, cuánta fuerza y energía inviertas en visualizarte llegando a la meta... lo más probable es que no llegues hasta que no te quites de encima esa mochila que pesa tanto. Cada parte de este libro es un paso esencial para tu proceso y permite que dispongas de más energía para manifestar.

Y presta atención a esto: las partes que más te niegues a hacer o a leer, aquello que más pospongas, van a ser las lecciones que más necesites incorporar. Hazlas con conciencia y confía, aunque aún desconozcas su propósito o qué tanto las necesita tu ser.

Hemos acompañado a muchas personas a cambiar su perspectiva y a despertar a su gurú interior. Tu poder personal implica confiar en tu intuición y tu sabiduría internas.

Todos tenemos acceso a una guía divina que nos muestra el camino hacia nuestro más alto nivel, pero el gran error que la mayoría de las personas comete es no escuchar esa voz... Algunos, por dudar de su propia capacidad, por estar en automático o por llevar muchas heridas a cuestas, no pueden creer que exista la posibilidad de activar ese poder en su interior. Por eso pongo tanto énfasis en reconocer tu valor y, de hecho, de ahí surgió Gurú de la Calma. Vi a tantas personas, cegadas por el fanatismo, olvidar su poder (y vivir una vida de sufrimiento y total dependencia) que decidí que mi misión sería ayudar a la gente a conectar con su yo superior, que tiene la capacidad de sanar, de vivir en plenitud y paz. Trae mucha paz saber que estás creando tu vida, en lugar de simplemente aceptar la que te tocó.

El problema, alma hermosa, es que tal vez estás tan distraída o preocupada por el ruido externo que has olvidado escucharte a ti misma: a ese yo interior que no vive desde el miedo, desde la incertidumbre ni desde el vacío; al que vive desde el sentimiento pleno de ser alguien a quien no le falta nada.

Al cultivar momentos de conexión contigo mismo, creas el espacio necesario para sintonizar con tu gurú interior. Ya sea a través de la meditación, la contemplación de la naturaleza o la escritura de un diario, encuentra prácticas que te ayuden a aquietar tu mente y a conectarte con tu centro. Pero de eso hablaremos luego, y te proporcionaremos sencillas herramientas muy poderosas que puedes aplicar.

Otro aspecto fundamental del poder personal que yo, Ale, voy a sumar, es la capacidad de establecer límites saludables. No me avergüenza decir que en el pasado fui una persona extremadamente complaciente, con una autoestima muy baja. La Ale de hoy está muy orgullosa de esa yo del pasado, que, como pudo y con las herramientas que tuvo, empezó a dar pasos hacia su transformación. Cuando no te sientes cómodo diciendo «no», permites que los demás dicten tu agenda. Eso drena tu energía vital y te deja con un agotamiento que a veces no se va.

Aprender a establecer límites con claridad y firmeza es un acto de amor propio y empoderamiento. Te permite priorizar tus necesidades, proteger tu tiempo y tu energía, y crear el espacio necesario para cumplir tus sueños y metas. De lo contrario, pasas la vida con un cansancio extremo y sin tiempo para ti o para las personas que te interesan. Decirle que sí a lo que no quieres es cerrarle la puerta a lo que sueñas. Negarte a hacer espacio para lo que en verdad es positivo para ti es decirle «sí» a lo que te conecta con esa versión de ti que ya no quieres ser. Entonces te pregunto: ¿qué escoges?

Establecer límites es clave. Y a medida que cultivas tu poder personal, notarás que empiezas a atraer personas y oportunidades alineadas con tu verdadero ser. En realidad vas a atraer de todo, pero para cuando eso suceda estarás lista, querida alma hermosa, para amorosamente decirle «no» a lo que no va contigo. Cuando irradias autenticidad, confianza y propósito, el universo responde en congruencia con eso. Empiezas a manifestar relaciones saludables, oportunidades emocionantes y recursos inesperados, porque no sientes culpa al decirle «adiós» a eso que ya no resuena contigo.

Para que esto quede claro, cuando conectas con esa frecuencia es como si fueras una luz encendida. Jamás verás insectos acercándose a una lámpara apagada: siempre se sienten atraídos por la luz que más brilla. No apagues tu luz para encajar o por lo que otros digan, porque si haces eso, te pierdes algo muchísimo más valioso.

Cuando vives desde tu poder personal, es como si la vida conspirara a tu favor, abriendo puertas y revelando nuevos caminos que antes parecían imposibles. Y desde tu sabiduría, sientes que tienes la conciencia necesaria para escoger cuál es *tu* puerta, la que es ideal para ti. Y no, no necesitas saber cuál va a ser tu próximo paso para poder reclamar todos estos beneficios. El camino se va haciendo al andar, y si no se abre, cuando vives desde tu poder personal sabes exactamente qué hacer para abrir cada puerta.

El trayecto del empoderamiento personal no siempre es fácil. Puede que haya momentos en los que dudes de ti, en los que sientas que estás retrocediendo en lugar de avanzar. En esos momentos es clave que practiques la autocompasión, la fe y la paciencia. El universo se mueve a sus tiempos, no siempre a los tuyos. En cierto modo, eres como una semilla; por lo tanto, riégate, háblate bonito y disfruta de cada hoja que se despliega.

Emma me ha ayudado a ser una persona cada vez más autocompasiva y paciente. Y si algo he aprendido gracias a eso es que cada desafío, cada contratiempo, es una oportunidad para potenciar tu confianza en ti, reconocer tus recursos y proyectarte en tu proceso de crecimiento.

El empoderamiento personal no se trata solo de manifestar tus deseos externos, sino también de cultivar un sentido profundo de paz y plenitud. Cuando te liberas de la necesidad de buscar constantemente la aprobación o validación de los demás, descubres una fuente inagotable de alegría y satisfacción dentro de ti. Aprendes a estar cómodo con tu propia compañía, a disfrutar del momento presente y a encontrar satisfacción en cada etapa de tu vida. Muchas veces, menos es más. Pero claro, el empoderamiento personal no quiere decir que te conviertes en una isla. Por el contrario, también significa que comienzas a valorar más la compañía de las personas indicadas.

Tus pensamientos y emociones tienen un impacto directo en tu realidad física. La ciencia ha demostrado que cada célula de nuestro cuerpo responde a los mensajes químicos que liberamos con cada pensamiento y sentimiento. Cuando cultivas estados internos positivos, gratitud y paz, creas un entorno fisiológico que promueve tu sanación, vitalidad y bienestar. Cuando, por el contrario, te sometes constantemente a situaciones estresantes y a emociones negativas, poco a poco debilitas tu sistema inmunológico, lo que puede volverte más susceptible a enfermedades o desequilibrios en cuerpo y mente.

Una forma poderosa de regular tu estado interno es a través de la respiración consciente. Cuando te encuentras en medio de una situación desafiante o estresante, una simple pausa para respirar profundamente puede marcar una enorme diferencia. Al inhalar y exhalar con atención plena en cómo el aire ingresa y sale, activas tu sistema nervioso parasimpático, induciendo una respuesta de relajación en todo tu cuerpo. Esta práctica te permite responder a los desafíos de la vida desde un lugar de calma y claridad, en lugar de reaccionar desde el miedo o la ansiedad. Claro, esta sencilla acción no es solamente válida para cuando te encuentras frente a un desafío; puedes aplicar esta práctica en tu vida en cualquier momento de tu día a día. Respira, observa y elige conscientemente cómo responder ante los desafíos. Ese es el poder de la presencia y la conciencia.

Y recuerda que reclamar tu poder personal es un viaje de toda la vida. A medida que transites este camino de autodescubrimiento y empoderamiento, sé consciente de que es un proceso. Esto te va a permitir hacer tu travesía con la liviandad y la expansión propia de quien, como una oruga, se permite vivir el proceso de transformarse en una mariposa. Piénsalo así: un pintor puede en algún momento no saber en qué va a finalizar su obra, pero confía, y con cada pincelada que da, una parte de su ser se transforma por estar dando vida a su nueva creación. Con esto te decimos: celebra cada victoria (por pequeña que creas que sea), cada momento de valentía y cada paso que des fuera de tu zona de confort. Todo esto te va a estar moldeando. Y cuando te encuentres enfrentando obstáculos o contratiempos, recuerda que cada desafío es una oportunidad para reconocer o descubrir tu fortaleza y resiliencia.

A lo largo de este libro seguiremos explorando los aspectos y conocimientos que activan tu poder personal y cómo aplicarlos en tu vida diaria. En el próximo capítulo te sumergirás con Emma en el primer paso necesario para tu proceso, que son los secretos para sanar y liberar bloqueos emocionales que te impiden vivir desde tu máximo potencial. Descubrirás cómo dejar de luchar con lo que fue, el amor propio y la reprogramación de creencias limitantes pueden transformar tu realidad desde adentro hacia afuera.

Así que te invitamos a transitar cada una de las páginas de este libro con una mente abierta y un corazón dispuesto a transformarse. Confía en que cada lección, cada ejercicio, te acerca un paso más a convertirte en la mejor versión de ti. Recuerda: tu poder personal es tu mayor recurso. Es hora de reclamarlo y empezar a crear la vida extraordinaria que mereces.

Prepárate para un viaje de sanación, manifestación y empoderamiento. A medida que integres los 22 secretos que compartiremos contigo, notarás cómo tu realidad comienza a cambiar de maneras asombrosas. Si lees este libro con conciencia y aplicas cada herramienta, nuevas oportunidades llegarán a tu vida, tus relaciones se volverán más armoniosas y significativas, y te sentirás cada vez más alineado con tu propósito y tu verdad interior. Sabes que puedes etiquetarnos en nuestras cuentas de instagram. Amamos leerte y escuchar tu proceso, tu historia. Nos encuentras en las redes como @aletumentora y @gurudelacalma.

El camino hacia el empoderamiento personal no es un destino, sino un viaje apasionante de crecimiento y expansión. Cada día te brinda la oportunidad de elegir alinearte con tu poder y dar un paso más hacia la vida que deseas, hasta que te encuentres viviendo esa vida que antes solo se sentía como un sueño. Con las herramientas y la guía adecuadas, no hay límites para lo que puedas lograr si lo haces con conciencia.

Así que abraza tu grandeza, tu resiliencia y tu capacidad de transformación. El mundo te necesita brillando en todo tu esplendor. ¿Estás lista, alma hermosa, para reclamar tu poder? ¡Adelante! Tu momento es ahora.

Emprendamos este viaje fascinante explorando el primero de los tres pilares para reclamar tu poder personal. Empecemos con los secretos de sanación.

# SECRETOS PARA SANAR

Querida alma hermosa, bienvenida a este capítulo dedicado a los secretos de sanación. Soy Emma, y es un honor para mí guiarte en este viaje de renacimiento y transformación.

Todos tenemos heridas emocionales, traumas o patrones limitantes que nos impiden vivir en plenitud y conectar con nuestro verdadero potencial. Algo muy curioso es que muchos pensamos que las heridas que cargamos son las nuestras, pero en los últimos años se ha comprobado que algunos traumas también se heredan. Así como puedes heredar los ojos azules de tus abuelos, puedes heredar sus fortalezas, sus dones, sus heridas, sus secretos y sus miedos. Eso te deja a ti con un gran cofre del tesoro por explorar (siempre con respeto, claro).

Estos bloqueos, sin importar que sean tuyos o heredados, pueden manifestarse como miedos, inseguridades, relaciones tóxicas o incluso enfermedades físicas. Pero es crucial que sepas que, sin importar cuán profundas sean tus heridas (o las que cargas de otros), la sanación puede ser posible. En este capítulo compartiré contigo los secretos que he apren-

> La naturaleza es tan perfecta que no existe nada que haya sido creado que no tenga un papel importante para el lugar donde se encuentra.
>
> Emma

dido a lo largo de mi propio viaje de sanación y a través de mi trabajo como experta en lectura de aura, hipnosis y sanación. Estos secretos te ayudarán a crear un espacio seguro dentro de ti para explorar tus sombras, acoger tu vulnerabilidad y liberar lo que ya no te sirve.

La sanación no se trata de corregir «fallas» en ti, ni de reprimir o eliminar algo que tú eres, sino de integrar todas las partes de tu ser con amor, aceptación y compasión. Se trata de reconocer que eres un ser completo y digno de amor, incluso con tus imperfecciones, miedos o cicatrices. Cada aspecto de tu ser tiene un propósito y una lección que ofrecerte. A medida que te adentres en esos secretos, sentirás naturalmente el llamado a acercarte a ti con una mirada fresca, con una nueva curiosidad, como si estuvieras mirando a través de un ser que está reinventándose constantemente. Sé amable contigo mientras navegas por las emociones y recuerdos que puedan surgir; no luches contra la tormenta: utiliza su impulso para colocarte en donde eliges estar. El pasado pasó, y no lo podemos cambiar. No enfoques tu energía en negarlo, porque cuando eso sucede, te quedas atascado, sin lograr superar lo que ya ocurrió. Lo bueno del pasado es que no necesitas borrarlo para reescribirlo, y ese es un gesto mucho más amoroso contigo mismo.

Imagínate esto por un momento: alguien se encuentra escribiendo una carta. Tiene un gatito que mueve la cola de lado a lado y la enrosca suavemente en la mano que esa persona utiliza para escribir. Por cada diez palabras que escribe, el gatito, con la cola, hace que cometa un error. Esta persona, en lugar de corregirlo, vuelve a comenzar la carta de nuevo. No mueve al gato, no corrige el trazo: simplemente se enoja y comienza de nuevo. Pasadas las horas, esta persona nota que no ha llegado a ningún lugar porque se ha quedado en su deseo de que esa carta sea perfecta, en lugar de reconocer que tiene varias opciones. La vida es similar: si te quedas esperando a que cada trazo sea perfecto o justo como lo esperabas, no vas a llegar a donde deseas llegar.

> No heredamos solo virtudes y riquezas; también recibimos secretos, temores, heridas. Y lo que hacemos con todo ello es nuestra verdadera herencia.
>
> Emma

La naturaleza es tan perfecta que no existe nada que haya sido creado que no sea importante. Algo que me sirvió enormemente en mi proceso de soltar mi dolor fue primero reconocer que yo soy importante para mí. Tú eres importante para ti.

Estás viviendo esta vida desde tu cuerpo; para seguir viviendo esta experiencia, es importante cuidar de tu cuerpo y de tu ser. Con esto quiero decirte que estás viviendo y experimentando la vida desde tu perspectiva; eso te permite reconocerte como dueño de tu guion y como el papel principal. Tu perspectiva es la que existe para ti como una realidad y prioridad mientras estés en este cuerpo que hoy habitas. Aquello con lo que luchas persiste; por eso es tan importante que no luches contra lo que fue. No tiene sentido que pierdas tiempo intentando negar algo que ya es del pasado. Mejor concéntrate en lo que hoy sí puedes transformar.

Todas las experiencias de tu vida las vives a través de ti. Sentir un profundo respeto y agradecimiento por ti mismo te permite reconocer tu rol en la tierra. Eres el gran amor de tu vida, a través de quien vives todas las experiencias, y mereces tratarte con el máximo amor y respeto. No viniste a ser cesto de basura de nadie, no viniste a conformarte con lo que sabes que no te hace bien, no viniste a opacar tu luz para no incomodar a los que brillan bajito. No necesitas sacrificarte para que otros puedan sanar. Puedes honrar tus raíces e iluminar el camino tuyo y, por ende, el de otros, desde el amor.

La sanación es un proceso, no un destino. Requiere voluntad de mirar tus miedos y sombras, sabiendo que ahí hay una gran recompensa. Cada paso que das hacia tu sanación te acerca a una vida de mayor libertad, alegría, plenitud y paz. A lo largo de este capítulo te acompañaré con amor, respeto y sabiduría, ofreciéndote las herramientas para sanar a tu propio ritmo. Este es tu espacio sagrado para tu transformación y crecimiento. Este proceso no solo te beneficia a ti, sino también a los que vinieron antes de ti y a los que vienen luego de ti. Si de repente te emocionas con alguna parte de este libro y no comprendes lo que está sucediendo, quizá alguna parte de tu linaje está sanando a través de ti. Puedes en ese momento decir internamente: «Lo reconozco y lo libero, para mi más elevado bien y el de todos los involucrados», o algo similar que tenga sentido para ti en ese momento.

Confía en el proceso y en tu propia capacidad de sanar. Eres una persona valiosa, digna de vivir tu vida, de vivir en plenitud absoluta, de sentir y dar amor. Permítete brillar, reconociendo que eso no solo es para ti: es un acto de amor para todos.

Ahora, adentrémonos en los secretos de sanación que te ayudarán a liberarte del peso del pasado, aceptar tu presente y crear un futuro lleno de amor y posibilidades ilimitadas. Tu transformación comienza ahora con este primer pilar.

Permítete brillar.

✦ Secreto 1 ✦

# TU PASADO ES TU PRISIÓN

Alma hermosa, te doy la bienvenida al primer secreto de sanación. Estoy aquí para guiarte en el descubrimiento de una verdad transformadora: la historia que te cuentas sobre tu pasado es, con frecuencia, tu prisión.

Puede que esta afirmación te sorprenda o incluso, al principio, te genere resistencia. Después de todo, es mucho más fácil creer que nuestra situación actual no depende de nosotros, que somos víctimas de las circunstancias, que la vida simplemente nos sucede y que no tenemos control sobre lo que nos pasa. Pero la verdad es que con cada pensamiento, creencia, elección y emoción, has estado dando forma a tu experiencia de vida, ya sea de manera consciente o inconsciente. Puede que en tu infancia no hayas escogido gran parte de lo que te sucedió, pero al crecer, comenzaste a escoger cómo continuar con tu vida. Es ahí donde nuestro pasado se convierte con frecuencia en una prisión. Muchas personas se quedan ancladas en lo que les sucedió en la infancia, cuando, en efecto, no pudieron escoger plenamente porque, claro, aún eran unos niños.

> Tu perspectiva, tus pensamientos y tus emociones son un imán. Así como atraen, también repelen.
>
> Emma

La ley de atracción, uno de los principios universales que rigen nuestra existencia, establece que atraes aquello que vibra en sintonía con tu estado interno. En otras palabras, tu frecuencia, tus pensamientos y emociones dominantes actúan como un imán, atrayendo personas, situaciones y experiencias que reflejan esa energía. Este imán que llevas en tu interior tiene doble función: así como ese imán atrae, también repele.

Si cargas con energías del pasado que te llevan constantemente a la escasez, el miedo o la limitación, es probable que sigas atrayendo circunstancias que confirmen esas creencias y que repelan las que no se adaptan a esa línea de pensamiento. Por otro lado, si cultivas pensamientos de abundancia, amor y posibilidad, empiezas a ver pruebas de ello manifestándose en tu realidad. Tu pasado puede ser una cárcel o una herramienta de crecimiento y expansión.

Hay múltiples estudios en el campo de la psicología social que demuestran que las personas no experimentamos la realidad de manera objetiva, sino que, en cambio, interpretamos el mundo a través de diversos filtros internos que se van afianzando en nosotros de forma inconsciente. Estos filtros, formados por nuestras creencias, emociones y experiencias previas, determinan cómo percibimos e interpretamos lo que sucede en nuestra vida. Esto permite que personas que atraviesan la misma situación puedan interpretarla y vivirla de formas completamente diferentes, lo que significa que vamos construyendo prisiones a medida, que reflejan lo que vemos afuera. De este modo, crecemos sin siquiera ser conscientes de la prisión en la que nos encontramos.

En un estudio realizado en 1954 por dos psicólogos sociales, Albert Hastorf y Hadley Cantril, se analizó cómo los seguidores de dos equipos de futbol americano, Dartmouth y Princeton, percibieron un partido.

Para ello, pidieron a estudiantes de ambas universidades que vieran una grabación del partido y señalaran las infracciones que detectaban. El resultado fue revelador: los estudiantes de Princeton identificaron muchas más faltas cometidas por Dartmouth y marcaron a su comportamiento como más agresivo, mientras que los del equipo oponente observaron más infracciones de Princeton y dijeron que su comportamiento era el más agresivo. Ambos grupos estaban convencidos de que sus observaciones eran objetivas, pero el estudio demostró que la visión de cada grupo estaba rotundamente influenciada por su lealtad al equipo al que apoyaban.

Este experimento es solo un ejemplo para marcar un punto clave de tu proceso de sanación: no ves la realidad tal como es, sino con el filtro que traes. No vemos el mundo como es, sino según los lentes que usamos para verlo. A esto le sumo que mientras más emoción y sentimiento guarde algo, más sesgada tiende a ser tu mirada al respecto. Y pocas cosas guardan más emoción que tus heridas; por eso es que si no las sanas, pueden tener muchísimo impacto en tu mirada del mundo.

Sin darnos cuenta, cada uno de nosotros construye una versión subjetiva de la realidad que concuerda con nuestros filtros internos inconscientes. A lo largo de tu vida, estos filtros han ido moldeando la forma en que interpretas el mundo, independientemente de si eres consciente de ello o no.

Los antiguos textos herméticos dicen que «el Todo está en todo, y todo está en el Todo». Esta frase quiere decir que la energía creadora del universo reside dentro de ti y que tienes el poder de moldear tu realidad desde adentro hacia afuera. Es una forma diferente de decir que en tu interior está todo y que una parte de ti está conectada con todo, por lo que tienes el poder de manifestar aquello con lo que eliges conectar.

### La caverna de las sombras

*Un grupo de personas vivían encadenadas dentro de una cueva, viendo solo sombras proyectadas en la pared. Para ellas, esas sombras eran la única realidad posible. Un día, uno logró liberarse y salir al exterior. La luz del sol lo cegó al principio, pero pronto descubrió un mundo vasto y lleno de colores, mucho más real que las sombras que había conocido toda su vida. Cuando volvió a la cueva para compartir su descubrimiento, nadie le creyó. Se habían aferrado tanto a su visión limitada del mundo que rechazaron la posibilidad de que hubiera algo más.*

*Moraleja: Al cuestionar tus límites y atreverte a ver más allá, descubres un mundo de posibilidades infinitas.*

**Platón**

Mencioné previamente que pocas cosas guardan más emoción que tus heridas, pero hay algo que tiene un potencial aún mayor: tus sueños y anhelos. Cuando dejas de poner el foco en tus heridas, puedes hacer espacio para esa versión de ti que crea una nueva mirada del mundo. Pasas de una prisión interior a la posibilidad de realmente sanar.

Al alinear tus pensamientos, emociones y acciones con vibraciones más elevadas, como la aceptación, el amor, la felicidad, o la paz, literalmente *hackeas* la matriz de la realidad que vives, reprogramando tu experiencia y, por lo tanto, cambiando tu vida una mirada a la vez.

Cierra los ojos, lleva tu atención a tu respiración y permite que el reconocimiento de tu poder se asiente en cada célula de tu ser. Alma hermosa, visualiza a tu niño interior. Dile que le agradeces todo lo que ha sido y todo lo que es. Dile que es perfeción y que no le hace falta nada. Dile que a partir de ahora te permites ver de una forma diferente el mundo, y que eso le va a permitir disfrutar más. Dile que lo liberas de la prisión del pasado, para que desde el presente pueda disfrutar.

Alma hermosa, tu pasado moldea tu realidad, pero si no eras consciente de ello, puede que hayas estado permitiendo que tu realidad se cree con lo que de forma inconsciente habías aceptado como una verdad. La realidad es que estás cocreando con el universo; tienes el poder, la capacidad de transformar tu mundo a través de tu filtro. Toma unos momentos para reflexionar sobre esta profunda verdad.

> La historia que te cuentas de tu pasado moldea tu presente. Cambia el filtro con el que ves tu pasado y cambiará la vida que creas aquí y ahora.
>
> Emma

Aceptar que has estado creando tu realidad te impulsa a asumir una responsabilidad mayor sobre tu vida. Sé que puede ser desafiante aceptar esta responsabilidad, especialmente si has pasado por situaciones difíciles o traumas en tu vida. Si te sirve de algo, o escoges la responsabilidad de crear tu vida o escoges la responsabilidad de que tu vida sea creada por cualquier circunstancia de afuera. En ambos casos, no puedes evadir la responsabilidad, por lo que debes escoger sabiamente para estar en paz con tu elección.

He malgastado mucho tiempo deseando que mi infancia fuera otra, deseando que algunas personas hubieran estado presentes e implorando la ausencia de otras. Así estaba evadiendo mi responsabilidad, solo porque me estaba viendo con los ojos de mi niña interior herida. Un niño carece en cierto modo de sentido de responsabilidad sobre su vida porque probablemente hará lo que digan sus padres. Pero el adulto posee responsabilidad sobre, al menos, su propia vida.

No se trata de culparte o juzgarte por lo que has vivido, sino de empoderarte con la comprensión de que hoy tienes la capacidad de crear un cambio positivo a partir de este momento. Si quieres vivir un presente en conexión con tu poder personal, debes liberar de toda carga a ese niño que eras en el pasado, y debes asumir la responsabilidad de escoger el filtro que le pones a tu vida.

Recuerdo vívidamente uno de los momentos en que comencé a comprender el poder de mis pensamientos y emociones para dar forma a mi realidad. Fue durante un viaje a México, en un tiempo en que sentía que necesitaba un cambio radical en mi vida. Mientras intentaba meditar en medio de un momento de caos interior, luchando contra mis traumas, batallando constantemente contra mi pasado, tuve una profunda revelación: yo era la creadora de mi propia realidad y tenía el poder de transformar mi vida desde adentro hacia afuera. Podía seguir generando y multiplicando mi sufrimiento al negarme a aceptar lo que había sucedido en mi vida y decirme que era víctima de lo que me hicieron, de lo que me pasó. O podía intentar algo distinto: aceptarlo y utilizar mi energía para colocarme en un nuevo lugar.

Fue un despertar espiritual que cambió, una vez más, el curso de mi vida y me puso en el camino de la sanación y el empoderamiento. Por primera vez logré ver que todo lo que había atravesado no había sido en vano, sino que eran pruebas para encontrar mi poder. Necesité sentir un dolor profundo y desgarrador para tomar fuerzas y cambiar mi camino. Ya había tocado fondo, no quedaba más que comenzar a ascender.

Al reconocer tu papel como alma creadora de tu realidad, te conviertes en el director creativo activo que moldea tu experiencia de vida. Comienzas a ser más consciente de los pensamientos y creencias que has estado albergando, y puedes elegir conscientemente cultivar los que te sirven y te elevan.

Esto no quiere decir que el dolor no existió: significa que ya no sangras por la misma herida que tantas puertas te cerró.

Una herramienta poderosa para esta primera etapa, y comenzar a crear tu realidad de manera consciente, son los decretos. Son declaraciones que reprograman tu mente subconsciente con creencias que abren las puertas a un cambio positivo. Al repetir estos decretos regularmente, comienzas a internalizar las nuevas creencias y a atraer experiencias que las reflejen. Es importante que no repitas todo de forma automática, sino que los llenes de emoción y tomes los que a ti en este momento te aportan algo. Este es un proceso, por lo que es importante que los repitas regularmente, día a día. Algunos decretos poderosos que he utilizado y puedes implementar son:

- ✦ Estoy creando mi realidad; yo tengo el poder de cambiar el rumbo de mi vida aquí y ahora.
- ✦ Reconozco lo que pasó y ahora me libero de cualquier remordimiento, traba, miedo o duda, para mi más elevado bien y el de todos los involucrados.
- ✦ Estoy transformando el pasado en sabiduría, fortaleza, crecimiento y abundancia, en todo momento y lugar.
- ✦ Elijo pensamientos que me elevan y me empoderan.
- ✦ Todo está bien y todo va a estar bien.
- ✦ Confío en el proceso de la vida. Aunque no entienda cómo, siempre todo está trabajando para mi más elevado bien y el de todos los involucrados.
- ✦ Estoy bajo protección divina y a salvo en todo momento y lugar.
- ✦ Estoy en paz conmigo, con mi presente y con mi pasado.

Si vas a implementar un decreto, no basta con repetirlo solo una vez. Si alguno resonó contigo, te recomiendo repetirlo cada día, en especial al comenzar tu día o cuando te enfrentes a un desafío. Dilos en voz alta, para que te escuche tu cuerpo; tu voz tiene el poder de sanar. Permítete realmente sentir la verdad de estas palabras en tu ser.

Hasta ahora puede que hayas tomado como propia otra verdad, una diferente a ese decreto que ha resonado hoy contigo. Tú puedes elegir de manera consciente qué verdad hacer tuya o incorporar como propia. Con la constancia y aplicando las herramientas que vas a encontrar en este libro, notarás cómo tu realidad externa comienza a alinearse con tu nueva vibración interna. Es crucial que le des tiempo a que actúe profundamente en ti para que las barreras que se adherían a tu antigua verdad abracen a esta nueva realidad.

El mundo exterior es un reflejo de tu mundo interior. Un aspecto clave para crear conscientemente tu realidad es la visualización. La visualización es el acto de crear imágenes mentales vívidas y detalladas de lo que deseas manifestar. Cuando visualizas regularmente tus metas y sueños como si ya fueran una realidad, envías una señal poderosa al universo de que estás lista, alma hermosa, para recibir esas bendiciones en tu vida. La visualización también ayuda a reprogramar tu mente subconsciente, alineando tus pensamientos y emociones con la realidad que deseas crear.

Para empezar a practicar la visualización, encuentra un lugar tranquilo donde puedas sentarte cómodamente y cerrar los ojos. Respira profundo y permite que tu cuerpo se relaje. Luego, comienza a imaginar en detalle la realidad que deseas crear. Imagina cómo te sientes, qué ves a tu alrededor, qué escuchas y qué experimentas en esa realidad ideal. Involucra todos tus sentidos y hazlo tan vívido como sea posible. Practica la visualización diariamente, sobre todo al despertar o antes de dormir, cuando tu mente está más receptiva a nuevas impresiones.

Recuerda, alma hermosa, que este es un proceso. Ha tomado años de programación inconsciente llegar adonde estás, anclar el relato que te has estado contando. Por eso, sé amable y paciente contigo misma mientras aprendes a crear conscientemente tu nueva historia. Tu vida es algo que no te recomiendo apurar; disfruta cada paso. Celebra cada vez que eliges un pensamiento empoderador o que reconoces una creencia limitante que está lista para ser liberada. Cada paso que das te acerca a despertar a tu gurú interior.

A medida que integres estas herramientas en tu vida diaria, notarás cambios sutiles pero poderosos. Sincronicidades y oportunidades inesperadas empezarán a aparecer, reflejando tu nueva visión interna. Recuerda: aquello en lo que colocas tu foco cobra mayor importancia y se expande. Mantén tu atención en lo que deseas, en lugar de en lo que no quieres. Confía en el proceso y permite que el universo te sorprenda con su magia y abundancia.

Crear tu realidad es tu derecho divino y tu responsabilidad sagrada. Al asumir el papel de cocreador consciente, te alineas con el flujo natural del universo y te conviertes en un po-

> Liberarte no quiere decir que el dolor no existió: es reconocer lo que sucedió y no dar espacio a sangrar por la misma herida que tanto te quitó.
>
> Emma

deroso agente de cambio de tu propia vida y del mundo que te rodea. Así que respira profundo, alma hermosa, abraza tu poder como creadora y permítete imaginar las infinitas posibilidades que van a comenzar, en tiempo divino, a estar disponibles para ti. Tu mundo está a punto de expandirse de maneras asombrosas, simplemente porque te estás recordando la verdad de quien eres: un ser infinito con la capacidad de moldear su realidad. Estoy muy orgullosa de ti por dar este primer paso y honrar tu camino de sanación. Estoy aquí para apoyarte y celebrar cada victoria en el camino.

## LLAVES DEL SECRETO

- No puedes escoger tu pasado, pero sí tu presente y, con él, el futuro.
- La realidad no es objetiva. Vemos el mundo desde un filtro interior, y este puede cambiarse.
- Aquello en lo que enfocas tu energía se expande.

## ACTIVACIÓN DEL SECRETO

*Es momento de integrar esta sabiduría en tu experiencia.*

1. ¿Qué filtros o creencias están limitando tu realidad actual?

____________________________________________

____________________________________________

____________________________________________

2. Describe la realidad que eliges crear conscientemente desde hoy.

____________________________________________

____________________________________________

____________________________________________

3. ¿Qué pequeña acción puedes tomar hoy mismo para comenzar a expandir esa nueva realidad?

____________________________________________

____________________________________________

____________________________________________

4. Tómate un momento para sentir la expansión que ya está ocurriendo en ti al reconocer tu poder de creación. ¿Qué comienza a estar disponible para ti a partir de esto?

____________________________________________

____________________________________________

____________________________________________

MENSAJE
DEL UNIVERSO
Soltar las cadenas del
pasado te permite *habitar tu*
*presente con libertad*.
Ahí activas tu verdadero
poder.
@aletumentora
@gurudelacalma

## ✦ Secreto 2 ✦

# EL PERDÓN ES UN VENENO

Mucho se habla de perdonar, pero, ¿qué tal si perdonar, en realidad, te vacía? ¿Y si perdonar en realidad no te corresponde a ti? Cuando me refiero a perdonar me refiero al acto de liberar a otro de toda culpa o agravio, sin importar lo que sea que haya hecho.

La palabra *perdonar* viene del latín, de «dar por completo». Y eso es exactamente lo que implica: entregar algo tuyo, algo valioso, sin reservas. Pero ¿qué ocurre cuando ese regalo te vacía porque sabes que estás dando más de lo que te corresponde dar? La palabra viene también de *donar* y *don*. Perdonar, entonces, si lo miras desde esta perspectiva, es dar tu don a alguien que ya ha tomado mucho de ti.

Para perdonar, la balanza tiene que haber estado, en algún punto, inclinada para cierto lado, ¿verdad? No perdonas a alguien que no hizo nada, porque perdonar quie-

> El perdón, cuando lo entregas sin realmente sentirlo, es un veneno para tu alma.
> Emma

re decir que algo ocurrió. Ahora imagina que perdonar es seguir colocando peso de un mismo lado de la balanza; es darle más y más a esa otra persona, hasta quedarte con tu lado completamente vacío. Eso no se siente bien, ¿verdad? Cuando alguien te dice que deberías perdonar, pero no sientes realmente el deseo de hacerlo, se vacía más tu balanza y se recubre de enojo, incomprensión o una sensación de injusticia que parece no cesar.

Alma hermosa, para que vuelvas a tu estado natural, el equilibrio, es importante sentir que estás nuevamente completa. Y para eso, la balanza debe estar equilibrada.

El perdón, cuando lo entregas sin realmente sentirlo, es un veneno. Pero disculpar es la cura y la moneda mágica que hace que dejes de pagar por lo que otros hicieron. Disculpar quiere decir «quitar la culpa», y es mucho más liberador que perdonar. Porque perdonar suele ser para el otro, un acto que muchos escogen por deber, no por ser lo que en realidad desean. Y ahí es cuando perdonar se convierte en un veneno, porque en el fondo guarda la semilla del rencor, y no deseamos eso para ti, alma hermosa. No se lo deseamos a nadie.

Cuando digo que disculpar es algo más liberador, es porque primero es para ti, y al ser para ti, te permite realmente soltar. Esta es la diferencia con perdonar, que suele generar que frecuentemente te estés acordando del agravio, por un motivo claro: la balanza sigue sin estar equilibrada. Cuando disculpas, primero te disculpas a ti contigo, te disculpas por cargar con lo que te hicieron, te disculpas por cargarte de lo que sea que no es bueno para ti. Y porque reconoces el beneficio para ti, puedes, si lo sientes y a tu propio ritmo, de corazón, disculpar a otros.

He acompañado a muchas personas, hombres y mujeres que han sufrido abusos en su vida o heridas en la infancia. Cuando cargas con algo que te hicieron, o algo que hiciste, te congelas en una etapa de tu vida donde no puedes avanzar. Alma hermosa, disculpar es abrir la puerta de un calabozo para descubrir que el verdadero prisionero no era quien tú creías que te hizo la ofensa, sino que eras tú quien estaba encarcelada. Cuando te aferras a lo que pasó, te encadenas por lo que otros hicieron. Te envenenas por lo que otros cometieron. Y muchas veces, cortas totalmente el flujo de la abundancia en tu vida. Un patrón común que he podido reconocer es que quienes cargan con culpas suelen tener dificultad para recibir dinero, amor o abundancia en alguna de sus formas. No te culpes por lo que otros di-

### Las dos heridas

*Un maestro le mostró a su discípulo dos heridas que tenía en el brazo. «Esta primera —dijo señalando una cicatriz— fue hecha por alguien que luego pidió disculpas. La segunda, aún abierta, fue hecha por alguien que nunca se disculpó. Sin embargo, ambas heridas son mías para sanar. Esperar una disculpa para comenzar a sanar es como dejar una herida abierta esperando que quien la causó traiga la medicina».*

*Moraleja: Perdonar no depende de recibir disculpas; depende de elegir tu propia libertad.*

**Parábola zen**

jeron, no te culpes por lo que hiciste o permitiste; reconoce que lo has hecho lo mejor que podías. No tomes el veneno esperando hacer así justicia. No te condenes a ser prisionera de tu pasado, alma hermosa.

Disculpar es el puente entre un doloroso pasado y un presente lleno de liviandad. Es una de las herramientas más poderosas que tienes para tu sanación y crecimiento personal. Sin embargo, a menudo es malentendido porque se confunde con perdonar. Muchos creen que disculpar significa excusar las acciones dañinas de otros, permitir que continúen hiriéndote. Pero la verdad es que disculpar no es para el otro: es para ti, alma hermosa.

> Disculpar es la cura que hace que dejes de pagar tú por lo que otros rompieron.
>
> Emma

Disculpar no quiere decir que absuelves al otro ni que permites que te sigan haciendo lo mismo, y no necesariamente significa continuar con la relación (del tipo que sea). Significa que ya no cargas con la pesada mochila de que le debes algo a alguien. Porque en el sentido más profundo, cargar con culpas, así no sean tuyas, te conecta con la deuda, con algo que está desbalanceado o con lo que debería ser y no fue.

En la vida el dolor es inevitable, pero el sufrimiento es muchas veces opcional. Esta distinción es fundamental para entender el verdadero significado de disculpar. Cuando te aferras al resentimiento, la tristeza o la ira, inconscientemente estás eligiendo sufrir, reviviendo el dolor una y otra vez en el presente. Estás tomando el veneno, esperando que así algo cambie y se haga justicia. El sufrimiento o el resentimiento muchas veces nos señala dónde estamos más apegados a nuestros relatos internos: a nuestro ego, nuestras heridas, nuestras expectativas.

Te comparto una historia personal que cambió mi perspectiva sobre disculpar. Durante años cargué con el peso del abandono de mi padre y el hecho de que, cuando yo era tan solo un bebé, me regaló a una señora prácticamente desconocida. Cuando fui creciendo, esa herida, ese abandono, se convirtió en parte de mi relato. Cada suceso que se le pareciera, cada recuerdo, era como una piedra que añadía a una historia que se había convertido en una mochila invisible que llevaba conmigo a todas partes. Esta carga hacía que cada paso en mi vida fuera más doloroso.

Un día, durante una de mis caminatas al aire libre, tuve una revelación: el sufrimiento que cargaba ya no provenía de la ausencia de mi padre, sino de mis propios pensamientos y del relato que alimentaba día tras día. Yo amaba a mi padre, por lo que no cuestionaba sus acciones, solo las mías: «Si hubiera dicho esto, si hubiera hecho esto otro, si tan solo hubiera sido diferente...». Y así, ese relato estaba cargado de «Y si...». Eso era una forma de culpa, de cargar con todo el peso que no me correspondía. Era una niña cuando todo esto pasó, pero mis heridas se habían congelado en mí, por lo que al crecer, seguía viendo el mundo con esos ojos de niña herida, de niña que carga con la culpa.

En ese momento de claridad, mientras caminaba, comprendí que la disculpa no era algo que me debiera mi padre. Tampoco era algo que yo le debiera a él. Era un regalo que me debía a mí misma.

El proceso de disculpar fue como aprender a caminar desde cero. Al principio, mis pasos eran cortos y hubo momentos en que tropecé y caí con diferentes versiones del discurso que desde niña me decía. Pero cada vez que comenzaba a contarme una nueva historia, surgía la oportunidad de sanar las diferentes voces antiguas que aparecían. Mis pasos en el proceso de disculpar se volvieron más fluidos y comenzaron a llevarme cada vez más lejos. Con cada avance fui dejando caer una por una las piedras que cargaba. Y así, sin siquiera planteármelo, la mochila se fue haciendo más liviana. Y esto es algo que tú también puedes hacer, alma hermosa. Primero por ti, para ti. Cuando dejas de lado el pasado, comienza a haber espacio para disfrutar, vivir, crear.

Con el tiempo, llegué a una comprensión aún más profunda: me di cuenta de que no había en realidad nada que disculpar. Mi padre hizo lo que pudo con las heridas y herramientas que tenía. Las personas hacen lo que pueden con las herramientas que tienen, y las heridas que cargan sin sanar delimitan qué pueden dar y en qué medida. Hasta que no podemos ver eso, no logramos reconocer que en cada persona puede haber mil y una heridas invisibles que les impiden amar y ser amados.

Cuando reconocí esto, me pregunté cómo podía juzgar a mi padre, si así me encontraba yo tan solo años atrás: las heridas que cargaba me hacían imposible ver que mi papá, a su manera, también me quería. Es más, mis heridas no me permitían ver ni recibir de forma plena el amor de las personas que sí estaban en mi vida.

La revelación fue transformadora. Entendí que no tenía que perdonar... tenía que disculpar y, sobre todo, disculparme a mí. Quitarme toda culpa y dejar de culparlo a él por lo que a mí me había sucedido, por lo que a mí no me habían podido dar o por lo que no supe pedir.

> Nada revela tanta fortaleza ni ofrece tanta sanación como levantarte y avanzar después de una herida causada por alguien que jamás se arrepintió.
>
> Emma

Este acto de amor propio y comprensión no solo me liberó a mí, sino que transformó mi relación con mis seres queridos y mi forma de verme. Porque había aprendido que detrás de cada persona viene una historia y algunas heridas. Esa mirada de compasión te abre a la humildad de no tomar como algo personal lo que otros hacen, sino como resultado de lo que es posible para esas personas. Somos historias en movimiento y cambiamos con el relato que nos contamos.

Liberarte de culpas, de resentimiento y del pensamiento fantasma de lo que hubiera podido ser te permite reconocer que, así como hay personas que, sabiéndolo o sin saberlo, lastiman, hay otras que sanan. Tal como lo hizo mi abuela conmigo cuando mi mamá estaba en el hospital luego de tenerme, luchando con sus propias heridas, haciendo todo de su parte para sanar. Quien me recuperó fue mi abuela, cuando mi mamá no estaba en condiciones de saber lo que estaba pasando. Ella me encontró, después de haber movido cielo y tierra, incluso luego de que intentaran convencerla de que no me buscara más. No pude ver todo lo que ella hizo por mí y todo lo que mi mamá hizo por mí hasta que no logré sanar la herida con mi papá. Hoy les agradezco su amor y lo atesoro.

Con esto quiero decirte, alma hermosa, que sanar no solo es para ti, sino también para las personas que escogieron darte amor, las que escogieron recordarte que vales mucho más de lo que imaginas. Si no te lo habían dicho hace tiempo: vales muchísimo, y hay personas que pueden ver eso en ti. Hoy tienes en ti el poder de disculparte contigo, de renacer, de sanar. Hoy tienes el poder de mover el foco para abrir la visión y reconocer que hay personas que ven tu valor y te aman. Pero es clave que recuerdes que dejar ir es tu decisión y tú escoges tus tiempos. Solo así el perdón no se convierte en veneno.

Vas a tomarte ahora un momento para reconocer de una a tres personas por las que hoy agradeces. Tú mismo puedes ser una de ellas.

______________________________________________

______________________________________________

______________________________________________

La relación con mi padre me enseñó que la verdadera liviandad va más allá de simplemente «dejar ir» el sentimiento negativo que cargas. Se trata de una profunda comprensión y aceptación de que, con todas nuestras herramientas, hacemos lo que podemos y como podemos. Disculpar es un acto de amor que te libera de la necesidad de cambiar el pasado, de las expectativas y juicios que guardas sin saber lo que realmente ocurre del otro lado.

Para realmente integrar el poder de disculparte, es esencial entender lo que es y lo que no es:

- ✦ Disculpar no se trata de borrar lo que sucedió, sino de liberarte de la carga emocional asociada con lo que te dices alrededor de lo que sucedió.
- ✦ No es reconciliación: puedes disculpar a alguien sin necesariamente restablecer una relación con esa persona.
- ✦ Disculpar no es justificar lo malo: no estás diciendo que lo que sucedió estuvo bien, sino que eliges que todo lo asociado a eso deje de controlarte a ti o a tu vida.
- ✦ Liberarse de culpas es un acto de amor propio: es elegir tu paz y bienestar por encima de todo.
- ✦ Es un proceso que comienza con tu decisión: no es un evento único, sino un camino que recorres día a día. Cuando es genuino, respeta tus tiempos y se siente algo que haces por ti y para ti.
- ✦ Cuando perdonar es en realidad *dis-culpar*, deja de ser un veneno.

Hay diferentes rituales que puedes hacer para comenzar a liberarte de culpas o deudas energéticas. Uno muy sencillo es el ritual de la piedra. Encuentra una piedra para representar el sentimiento (culpa, remordimiento o emoción negativa) que cargas. La primera clave es reconocer lo que estabas sintiendo, en lugar de intentar esconderlo o negarlo. Para soltar algo, primero debes reconocerlo. Procura que esa piedra sea lo suficientemente grande como para sentir su peso y su presencia acompañándote. Si sientes que la piedra que llevas es muy pequeña, utiliza varias. Vas a llevar esta piedra contigo durante un día en uno de tus bolsillos, sintiendo su peso. Incluso, te recomiendo que, si puedes, escribas lo que representa, como culpa, enojo o miedo. Al final del día, ve a un lugar al aire libre y toma esa piedra. Sostenla con ambas manos mientras dejas que aparezca el recuerdo o la imagen con quien esté relacionado el sentimiento que cargas. Mientras sostienes la piedra (o las piedras), repite en voz alta: «Lo que pasó, pasó. Me libero de toda expectativa, juicio y peso relacionado con esto. Me disculpo a mí (y si lo sientes, dices "Te disculpo"). Ni tú me debes nada, ni yo te debo nada. Este es el mayor acto de amor hacia mí. Con esto honro mi vida y tomo la bendición para avanzar con liviandad. Quedo libre y mi ser está completo».

Cuando termines de decir esto, deja la piedra con respeto en el suelo y vete de ese lugar sin mirar hacia atrás. Mientras lo haces vas a decir: «El pasado está en el pasado y ahí se queda. A partir de ahora, construyo mi vida con liviandad, libertad y paz, desde mi presente».

En este proceso, reconoce que eres humana, alma hermosa, y que vas a cometer errores. Es parte de la vida misma y es lo que la hace tan bella. Trata de hablarte con el mismo amor que le brindarías a un niño o a un amigo. Todos cometemos errores, y ellos pueden ser el camino que marca nuestros aciertos. A medida que integras en las diferentes áreas de tu vida el liberarte de culpas, notarás una profunda transformación. La energía que antes gastabas (sin notarlo) en mantener emociones negativas o resentimiento comenzará a dar espacio a una sensación de poder avanzar, ya que te habrás liberado de un enorme peso.

Esto me recuerda una historia que leí hace no tanto tiempo: el relato del buscador que viaja al Himalaya en busca de un maestro iluminado que le diga la verdad sobre cómo iluminarse. El buscador emprende el camino a la montaña, pasando por días con frío extremo y cargando tanto peso que, conforme pasan los días, comienza a soltar parte de su equipaje, incluso su carpa. Cuando finalmente llega a la cima, encuentra al maestro meditando en una cueva y le pregunta: «¿Maestro, cuál es la verdad sobre la vida?». El monje responde: «La vida es sufrimiento, la vida está llena de dificultades». El buscador estaba tan enojado con su respuesta que se negó a escucharla. Cuando comenzó su trayecto de vuelta, sin su carpa, con cansancio y frío, se vio a sí mismo caminando por inercia, balbuceando, enojado por la respuesta del monje, que se negaba a aceptar. Estaba tan furioso que no podía pensar ni ver con claridad; estaba hundido en su propia miseria.

En ese instante tuvo un momento de lucidez y finalmente entendió lo que el monje le quiso transmitir. La vida es sufrimiento cuando te niegas a aceptar lo que la vida es, cuando pretendes que sea otra cosa. El sufrimiento del buscador no venía del frío, del cansancio ni del camino, sino de pelear con lo sucedido. Esto estaba alimentando la furia y el sufrimiento en su interior. Al asentir a la verdad del monje y reconocer el enojo que estaba alimentando, todo eso desapareció junto con el peso de su lucha interior. Finalmente pudo seguir caminando, esta vez en paz, consciente de que las emociones que escogía alimentar eran su decisión.

Si me preguntas a mí, diría que el monje usó palabras bien fatalistas para decir una verdad a medias. La moraleja es aceptar lo que sientes sobre la realidad que experimentas, porque es el primer paso hacia la liberación. Solo así la vida deja de ser malestar o sufrimiento, para convertirse en lo que tú eliges que sea. No niegues lo que sientes: reconócelo y luego déjalo ir. Lo que niegas bloquea tu camino, porque sigue apareciendo una y otra vez como una puerta con candado que te impide cualquier salida. Pero cuando dejas de luchar con eso, te queda energía disponible para el cambio y para la claridad, que es lo que a la larga te permite cambiar lo que deseas. Y cuidado, con esto no quiero decir que tengas que tomar lo que no eliges en tu vida; hablo más bien de un asentir a las cosas como son. Es especialmente importante cuando luchas con cosas que te hubiera gustado que no sucedieran. Es algo que veo continuamente en sesiones. Sirve mucho que digas «Así fue y lo dejo ir; de este modo estoy en mi presente, con mi poder disponible para mí». Esto te habilita para dar espacio al cambio que eliges manifestar. Volviendo a la historia del buscador, esta es la forma de liberarte de cargas y es tu primer paso hacia tu iluminación.

Cuando te encuentres frente a momentos difíciles, simplemente detente y céntrate en el momento presente. Respira hondo, concéntrate y, si puedes, encuentra el mensaje de la situación. Detrás de todo hay un mensaje.

Te invito ahora a un momento de reflexión. Cierra suavemente tus ojos y observa primero cómo se siente tu cuerpo. Ponlo en palabras para que puedas notar los cambios después de hacer el ejercicio.

Escoge algún suceso o situación de tu vida que hayas intentado negar, algo con lo que sientas que has estado luchando, algo que no salga de tu cabeza. En voz alta o susurrando vas a decir: «Así fue. Así es. Lo dejo ir y lo suelto». Puedes cambiar de esto lo que sientas.

Luego lleva tu atención a tu respiración. Con cada inhalación, siente cómo te llenas de energía de aceptación. Aceptación de todo: de tu cuerpo, de tu presente, de qué tanta comodidad o incomodidad sientes. Con cada exhalación, libera cualquier expectativa que estés cargando. Permanece en este espacio de conciencia por unos momentos y luego abre los ojos. Observa qué cambió en ti al finalizar.

Alma hermosa, liberarte de culpas (*dis-culparte*) es dejar de envenenarte por lo que otros hicieron o por lo que te dices que deberías haber hecho diferente. Y ese proceso es un viaje, no un destino. Cada momento es una nueva oportunidad para elegir tu liviandad. Eres un ser de luz infinita; mereces todo el amor y la paz del universo. Al liberarte de culpas te alineas con tu verdadera naturaleza y permites que el amor fluya libremente en tu vida.

> Lo que niegas bloquea tu camino, porque sigue apareciendo una y otra vez como una puerta con candado que te impide cualquier salida.
>
> Emma

El acto de disculpar no es la absolución de otros: es tu liberación. No puedes hacerte cargo de lo que no te corresponde; lo que otros han hecho es responsabilidad suya. El perdón dado sin equilibrar la balanza es un veneno. Lo bueno es que, al liberarte de culpas, te das a ti lo que necesitas para avanzar con liviandad. Al liberarte del peso del pasado, le abres la puerta a la posibilidad de convertirte en quien eliges ser. Te debes a ti el regalo de que el pasado te deje de definir.

Antes de concluir con este secreto, vamos a dar espacio a un momento más de presencia. Escribe en las siguientes líneas este decreto: «Me libero, aquí y ahora, del pasado. Dejo ir lo que no me corresponde cargar. Me libero de lo que no es mío. De ahora en adelante, elijo el amor y la paz en mi vida. Mi ser está completo».

Permite que esta verdad resuene en cada célula de tu ser. Te recomiendo enormemente leerlo diariamente por 21 días para arraigar esta nueva realidad en tu subconsciente. Al leerlo, no lo hagas solo mentalmente: hazlo en voz alta o susurrando.

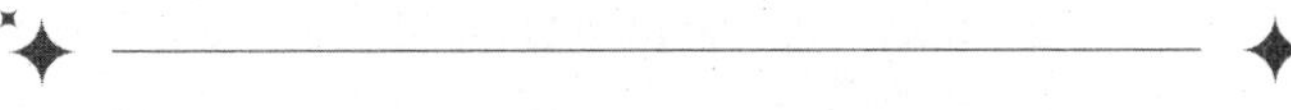

## LLAVES DEL SECRETO

- Perdonar y disculpar son actos distintos.
- Disculpar significa «quitar la culpa» y te lleva a soltar.
- Aferrarte a la culpa suele llevar a que la abundancia no fluya en tu vida o al estancamiento.
- Liberarte de culpas crea un espacio para restablecer el equilibrio y la armonía.
- Disculparte es liberarte de lo que no te toca a ti pagar.

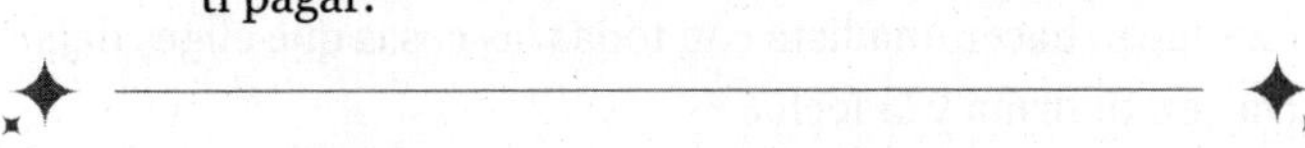

## ACTIVACIÓN DEL SECRETO

*Es momento de integrar esta sabiduría en tu experiencia.*

1. Escribe algo que te haya estado envenenando y que decides dejar ir para liberarte de pesos, cargas y culpas. Por ejemplo, la culpa por no estar siempre disponible para otros, el peso de no cumplir las expectativas familiares o el remordimiento por priorizar tu bienestar.

__________________________________________________

__________________________________________________

__________________________________________________

2. Te voy a compartir un ejercicio muy poderoso para soltar: la carta de liberación. Te permite reconocer qué cargas ya no te corresponde llevar y hacer espacio para lo que deseas. Vas a escribir:

*Yo, {tu nombre y apellido completos}, me libero de la responsabilidad de complacer a todos. Ya no necesito cargar con el peso de las expectativas ajenas. Elijo disculparme conmigo por todas las veces que pensé que no era suficiente.*

*A partir de hoy, me libero de:*

- ✦ *la responsabilidad de hacer felices a todos*
- ✦ *las expectativas que no me corresponden*
- ✦ *la culpa por elegir mi bienestar.*

Puedes luego hacer una lista con todas las cosas que eliges dejar ir. Cierra con tu firma y la fecha.

__________________________________________________

__________________________________________________

__________________________________________________

__________________________________________________

__________________________________________________

__________________________________________________

__________________________________________________

__________________________________________________

---

---

---

*Toma un momento para sentir la liviandad que llega con cada palabra que escribes. Cada reflexión es un paso más en tu camino de liberación.*

MENSAJE
DEL UNIVERSO
No estás aquí para quedarte
en lo que te hizo daño.
Estás aprovechando la
oportunidad de soltar lo que
cumplió su ciclo y abrirte a
tu grandeza.
@aletumentora
@gurudelacalma

## ✦ Secreto 3 ✦

# TUS HERIDAS VIENEN CON APELLIDO

No todas las heridas que cargas son realmente tuyas. Este secreto te invita a mirar, más allá de tu experiencia personal, hacia las profundidades de tu linaje.

Imagina por un momento que eres como un árbol. Tus raíces se extienden profundamente en la tierra, que representa a tus generaciones pasadas. Así como el árbol toma nutrientes del suelo, tú heredas patrones emocionales y creencias de tu familia. Algunos positivos, otros no tanto. Esta herencia invisible moldea tu realidad de maneras conscientes e inconscientes.

Toma un momento para sentir esta conexión con tus ancestros. Respira profundamente y visualiza esas raíces extendiéndose desde ti hacia el pasado. ¿Qué sensaciones surgen en tu cuerpo? ¿Son agradables o desagradables? No intentes cambiarlas, simplemente observa y luego deja ir toda sensación.

> Muchas de las emociones y los patrones que experimentamos no son completamente nuestros. Son ecos de experiencias vividas por nuestros ancestros.
>
> **Emma**

Desde que tengo uso de razón, sentía una culpa que no podía explicar. Era como si cargara un peso que no me pertenecía. Todo mi ser sabía que esta culpa venía de otro tiempo, de otra vida. Lo sabía porque la veía, veía a la mujer de donde provenía, y no podía evitar sentir que yo era ella. Con los años y mucho trabajo personal, logré comprobar que esa culpa pertenecía a una mujer de mi linaje, de mi familia.

Ella había sido desterrada de su familia por enamorarse de un hombre que no era aceptado. Se vio forzada a irse sola a otra provincia, cargando con la culpa y el rechazo. Sin saberlo, yo llevé esa culpa conmigo durante años. Algo mío sabía esa historia con el corazón, aunque mi mente desconocía los hechos.

Con el tiempo pude reconocer el patrón de culpa, y esta se desvaneció. Fue como si un peso que había estado cargando toda mi vida se levantara de mis hombros cuando pude declarar que no era mío. Lloré mucho. No tanto por mí, sino por ella. Aunque no la conocí, me sentía profundamente conectada con ese ancestro y con su dolor. Cargar con esa culpa era mi forma de decirle que yo sabía lo que pasó. Esta experiencia me enseñó que muchas de las emociones y patrones que experimentamos no son completamente nuestros. Son ecos de experiencias vividas por nuestros padres, abuelos y ancestros.

Reflexiona por un momento: ¿has sentido alguna vez emociones o miedos que parecen no tener explicación en tu propia vida? ¿Puedes identificar en ti patrones de alguien de tu familia? Toma nota de todo lo que reconoces, sin importar que no lo comprendas con la mente.

La ciencia actual está empezando a comprender lo que la sabiduría ancestral ya nos decía: nuestras experiencias pueden afectarnos no solo a nosotros, sino también a nuestros descendientes. Los estudios en epigenética muestran que el trauma y el estrés pueden dejar en nuestros genes marcas que luego se transmitan a las generaciones futuras.

Pero no te alarmes. Este conocimiento no es una sentencia, sino la llave para tu liberación. Primero, déjame aclarar que no cargas todo lo de todos tus ancestros contigo, sino que toda esa herencia se reparte entre los diferentes integrantes del sistema que es la familia. Comprender que no todas tus heridas son exclusivamente tuyas te ofrece una nueva perspectiva: la posibilidad de soltar lo que cargabas, devolviéndolo al origen.

Cierra los ojos y lleva la atención a tu corazón. Vienes de tus padres, y ellos vienen de sus padres. Esa línea que conecta va aún más allá y se expande, conectándote con las personas con las que compartes sangre y con las que no, pero se unieron a la familia. No importa que no los conozcas, no importa que no sepas su nombre, hay una parte de ti que está conectada con ellas. Permite que esta comprensión comience a abrirte a un nuevo entendimiento.

Reconocer esto es el primer paso hacia una profunda liberación. No estás destinada, alma hermosa, a cargar eternamente con el peso de generaciones pasadas. Tienes el poder, aquí y ahora, de romper estos ciclos y crear nuevos patrones de amor, abundancia y bienestar. No solo para ti, también para ellos.

Pero entiéndeme bien, alma hermosa: comprender que no todas tus heridas te pertenecen no es una invitación a eludir la responsabilidad de tu vida. Por el contrario, es un llamado a la acción consciente. Es una oportunidad para cultivar una profunda compasión, hacia ti y hacia tus ancestros. También un impulso para sanar, no solo por ti, sino por todas las generaciones venideras.

Imagina por un momento el impacto que tu sanación puede tener. Cuando sanas una herida que ha sido compartida con alguno de tus ancestros, no solo te liberas a ti, sino también algo que el sistema familiar estaba llevando. Y más aún, abres el camino para que las generaciones futuras vivan con mayor libertad.

Dejar ir un peso, una carga que no te corresponde, permite que la balanza comience a estar equilibrada. Recuerda que la culpa, el remordimiento o el resentimiento son como una balanza desequilibrada. Esto actúa de manera parecida. Liberar lo que no te corresponde se siente similar, y se extiende hacia atrás, llegando a tus ancestros, y hacia adelante, iluminando el camino para las generaciones futuras. Lo que sanas en ti no se queda solo en ti.

Ahora vamos a explorar una sencilla y poderosa herramienta práctica. Observa si puedes identificar un patrón que sientas que es momento de soltar. Un patrón es una emoción, impedimento o situación repetitiva que se hace presente en ti con frecuencia. Puede consistir en escoger parejas que son infieles o personas que no están disponibles emocionalmente. Puede ser una incapacidad de ahorrar, o tal vez no saber dejar ir cosas y acumular constantemente por miedo a quedarte sin nada. Incluso podría ser el miedo al fracaso o a la soledad.

Una vez que reconozcas el patrón, descríbelo en máximo cuatro palabras. Por ejemplo, carencia, miedo a perder, falta de motivación, pérdida de dinero, miedo a la soledad.

Toma una hoja blanca. Sostenla y permite que aparezca frente a ti una persona de tu linaje que haya atravesado o sentido algo similar a lo que eliges dejar ir. No necesitas haber conocido a esa persona, no necesitas saber su nombre, tampoco necesita estar con vida. Cuando esa persona (o más de una) aparezca por tu mente, no lo cuestiones ni intentes racionalizarlo. Puede aparecer una imagen, un pensamiento, un aroma, un sonido, un recuerdo. Observa tu cuerpo y sus sensaciones. Observa en qué parte tienes las sensaciones que no son agradables, ya que esas son las que vas a dejar ir.

Una vez que hayas reconocido en qué parte de tu cuerpo está esa sensación, pasa tu hoja de papel en blanco por esa zona de tu cuerpo. Al hacerlo estás permitiendo que todo eso que cargabas y que no te corresponde (solo lo que no te corresponde) se quede en el papel. Vas a sentir alivio después de hacerlo. Hecho esto, ahora sí, escribe en tu hoja la frase o palabra que habías pensado al inicio. Ahora quema esa hoja, en un gesto de dejarla a quien le corresponde, y luego di: «Dejo contigo lo que te corresponde. Lo dejo ir, y así honro mi vida y a los que vinieron antes de mí. Soltar esto es mi gran acto de amor. Tomo la bendición para hacerlo diferente. Al hacerlo, esto pierde su peso y yo gano liviandad». Tira las cenizas fuera de tu hogar.

Ahora escoge una nueva frase, de máximo tres palabras, que describa una nueva forma de sentir, una sensación positiva que te conecte con la nueva posibilidad que has activado en ti al liberar algo que no te corresponde. Después de realizar este ejercicio, tómate un momento para sentir cómo ha cambiado tu energía. Te recomiendo darte una ducha luego de hacerlo.

**Reflexiones para profundizar:**

- ¿Qué patrones emocionales o de comportamiento has notado que se repiten en tu familia?
- ¿Cómo podría cambiar tu vida si reconocieras que algunas de tus heridas no son completamente tuyas?

- ¿Qué nuevo legado te gustaría crear para las futuras generaciones?
- ¿Qué cualidades positivas has heredado de tu linaje familiar?
- ¿Cómo puedes honrar el sacrificio de tus ancestros sin cargar con su dolor?

Permite que estas preguntas resuenen en tu interior. No busques respuestas inmediatas. Deja que la sabiduría emerja naturalmente.

> No necesitas sufrir para honrar a los tuyos. Tampoco repetir su sacrificio. El verdadero acto de honra viene de tomar TU LUGAR en el mundo con agradecimiento y amor.
>
> Emma

No todas las heridas que cargas son tuyas. Los patrones que traes son aprendidos. A veces nos cuesta soltar heridas porque, de manera inconsciente, nos sentimos profundamente conectados con quienes las vivieron. Mientras más cargamos estas heridas, más fuerte parece hacerse esa conexión, sin importar que no sepas con quién te conecta.

Pero hay una manera de verlo diferente, más ligera: todo lo que tus ancestros atravesaron ha dado la posibilidad de que tú tuvieras nuevas oportunidades. Te doy un ejemplo que lo hace más claro.

Piensa en un padre que tiene el sueño frustrado de ser futbolista. Al crecer, viendo a su hijo amar el futbol, se encargó de apoyarlo para hacer realidad su sueño. Hoy su hijo es futbolista profesional. Cuando su hijo sale en televisión, el padre grita a los cuatro vientos: «¡Ese es mi hijo!». Cuando mete un gol, el padre lo celebra como si él mismo lo hubiera hecho. Porque en el fondo hay una conexión profunda entre ellos.

Ese hijo podría decir: «Como mi padre no lo logró, yo tampoco lo haré». Pero en lugar de eso, dice: «Gracias a todo lo que pasó antes, gracias a todo lo que me brindaron, gracias a todo lo que otros vivieron, yo tengo hoy esta posibilidad». Y aprovecha esa oportunidad para hacer algo con su vida.

De ese modo, al permitirse progresar, está honrando a quienes vinieron antes. Así fortalece la verdadera conexión con ellos, pues descubre que no necesita sufrir o sacrificarse para honrarlos. Porque así como se puede honrar desde la tristeza y el dolor, también se puede honrar desde la alegría y el amor, avanzando y tomando tu propio lugar en el mundo.

Así es como realmente se honra a quienes vinieron antes: siendo quien realmente eres, aprovechando la vida que ellos, con sus esfuerzos y experiencias, hicieron posible para ti. Porque no necesitas sufrir para honrar a los tuyos. No necesitas repetir su dolor ni su sacrificio. Así como a veces se honra desde la tristeza, también se puede honrar desde la alegría, desde el amor, desde el avance.

Y cuando tomas tu propio lugar, la conexión, lejos de separarte de ellos, se fortalece aún más, porque honrar no es quedarte en el pasado: es tomar lo recibido y, con gratitud, construir algo nuevo.

Algo clave que comprender sobre esta herencia de tus ancestros es que a veces, cuando estás a punto de tomar una decisión importante, sientes una culpa inexplicable. Es como una voz interior que te susurra «Esto no es lo que hacemos en esta familia». Y es curioso, porque esa culpa aparece incluso cuando sabes que estás haciendo lo correcto para ti.

Sucede así porque cada familia tiene su propio código, su modo de hacer las cosas y diferenciar lo bueno de lo malo. Cada familia es un sistema, un conjunto de elementos interconectados que funcionan como una unidad. Y en un sistema, todo está vinculado: emociones, comportamientos y destinos se influyen entre sí, incluso a lo largo de generaciones.

Cada sistema busca orden, equilibrio y pertenencia, y cuando hay exclusiones o desórdenes, podemos cargar culpas o heridas de otros sin darnos cuenta.

En una familia de médicos, ser artista puede sentirse como una traición. En una familia donde el esfuerzo constante es la norma, disfrutar de mayor liviandad y beneficios puede generar culpa. En una familia donde callar las cosas es habitual, expresar emociones y hablar abiertamente de lo que sientes puede hacer que te vean como la oveja negra. En una familia donde el dinero se considera la fuente de todo mal, buscar estabilidad económica puede sentirse como que estás haciendo algo incorrecto. Pero no es que esté mal: simplemente es distinto de lo ya conocido, de lo esperado dentro de tu sistema.

La explicación detrás de esto tiene una base profunda. El sociólogo Émile Durkheim creó el concepto de *conciencia colectiva*. Con él explicó que cada sociedad y, por extensión, cada familia, tiene un sistema de creencias y normas compartidas que regulan el comportamiento de sus miembros. Más adelante, Bert Hellinger aplicó esta idea a las dinámicas familiares.

En este contexto, la culpa no significa que estés haciendo algo malo. Es simplemente la señal de que estás expandiendo los límites de lo que tu familia considera normal. Es el precio de ser pionero, de abrir nuevos caminos.

Cada vez que tienes la valentía de seguir tu camino, a pesar de esta culpa, estás creando nuevas posibilidades no solo para ti, sino para toda tu familia. Estás diciendo «Se puede hacer diferente». Estás ampliando el mapa de lo posible.

Porque viniste a ocupar tu lugar, no a repetir patrones. Viniste a escribir tu propia historia, no a calcar la de otros. Y sí, a veces se sentirá incómodo, a veces la culpa aparecerá, y está bien. Es el costo de la evolución, el precio de crecer.

Cada paso que das en tu propia dirección, aunque al principio genere resistencia, está abriendo caminos para que otros también puedan elegir. Estás contribuyendo a la evolución de tu familia, no traicionándola.

Comprender esto te permite liberarte del peso de tener que seguir el mismo camino que tomaron tus ancestros, para tomar tu propio lugar con mayor libertad.

Alma hermosa, al reconocer que no todas las heridas que cargas son tuyas has abierto la puerta a una profunda liberación, no solo para ti, sino para toda tu línea ancestral.

Recuerda que este es un proceso continuo y a ti solo te corresponde dar lo mejor de ti, no cargar con el peso de otros. Cada vez que eliges el amor sobre el miedo, la comprensión sobre el juicio, y la liberación sobre el resentimiento, estás reescribiendo no solo tu historia, sino la de generaciones enteras.

Lleva contigo la certeza de que tienes en ti mucha más fortaleza de la que imaginas. Dentro de ti reside un poder infinito para sanar, transformar y crear. Cada acto de amor hacia ti resuena a través del tiempo, honrando a tus ancestros y abriendo las posibilidades del camino de tus descendientes.

### Los dos monjes y el río

*Dos monjes caminaban cuando encontraron a una mujer que no podía cruzar un río caudaloso. Aunque tenían prohibido tocar a las mujeres, uno de los monjes la cargó y la ayudó a cruzar. Siguieron su camino en silencio, pero después de varias horas, el otro monje, incapaz de contenerse, le reclamó:*

*—¿Cómo pudiste cargar a esa mujer? ¡Va contra nuestras reglas!*

*El primer monje sonrió y respondió:*

*Yo dejé a la mujer en el río hace horas. Tú aún la sigues cargando.*

*Moraleja: A veces el peso más pesado no es lo que cargamos, sino lo que nos negamos a soltar.*

Antigua parábola zen

Confía en tu viaje. Alma hermosa, honra tus raíces, pero no te quedes atrapada en ellas. Tus ancestros te dieron vida para dar paso a la evolución. Tienes la bendición para soltar, sanar y progresar. Eres un ser en constante evolución, capaz de trascender los límites del pasado y crear un futuro lleno de luz y posibilidades infinitas. Eso no es egoísmo, sino amor.

Respira profundamente y siente la verdad de estas palabras en cada fibra de tu ser. Eres un ser de luz infinita, capaz de sanar y transformar tu vida y abrir paso a una nueva historia para las generaciones venideras.

Para sellar esta comprensión y avanzar en tu proceso de sanación, te recomiendo realizar este ritual de liberación y toma de tu lugar.

Necesitarás una vela anaranjada del tipo que sea, un plato resistente al fuego, dos cucharadas de sal y una flor del color que te guste.

1. Toma un plato resistente al fuego y crea un círculo de sal dentro de él, simbolizando una red de protección.
2. Coloca en el centro la vela anaranjada, que te representa a ti. Enciéndela; eso te libera de toda traba, expectativa, bloqueo o herida que no te corresponda.
3. Repite el siguiente decreto mientras miras la llama de tu vela:

   *Yo, {tu nombre y apellido completos}, reconozco el legado de mis ancestros. Aquí y ahora, acepto con gratitud los dones que me han transmitido y libero con amor las cargas que no me corresponden, para poder así ocupar mi lugar. Elijo conscientemente nuevos patrones de amor, abundancia y bienestar para mi más elevado bien y el de todos los involucrados.*

*Soy libre de escribir mi propia historia y hacerlo a mi modo. Al seguir el camino que yo escojo con libertad, honro mi vida y a mis ancestros. Construyo mi vida con alegría, creatividad y poder.*

4. Coloca al lado de la vela tu flor, como símbolo de eso que has heredado y ahora tomas.
5. Visualiza una luz del color de la flor que has escogido, ingresando por las palmas de tus manos y fluyendo hacia todo tu cuerpo Estás tomando los dones que son para ti y la bendición de crear tu vida con libertad.

Después del ritual, siéntate en silencio y siente cómo tu cuerpo comienza a ganar liviandad. Permite que esta nueva energía se integre en cada célula de tu ser. Luego de unos momentos, apaga la vela. Vuelve a encenderla y repite el decreto cada vez que la enciendas. Sigue encendiéndola los siguientes días hasta que se consuma por completo.

## LLAVES DEL SECRETO

- Cada familia es un sistema que está conectado.
- Es por eso que heredamos los miedos y traumas de nuestros ancestros, así como sus anhelos y sueños.
- De esos traumas heredados nos podemos liberar.

## ACTIVACIÓN DEL SECRETO

*Es momento de integrar esta sabiduría en tu experiencia.*

1. ¿Qué patrones familiares reconoces que decides ya no seguir cargando? Por ejemplo, el miedo a la escasez, las relaciones conflictivas o la dificultad para expresar emociones.

________________________________________

________________________________________

2. Escribe tres dones o fortalezas que hayas heredado de tus ancestros y que decidas potenciar. Por ejemplo, la perseverancia de tu abuela, la creatividad de tu madre, o el espíritu emprendedor de tu familia.

________________________________________

________________________________________

3. ¿Qué nueva historia decides comenzar a escribir para ti y las futuras generaciones? Por ejemplo, una historia de abundancia, de relaciones saludables, o de comunicación abierta y honesta.

________________________________________

________________________________________

*Toma un momento para sentir cómo cada respuesta te acerca más a tu verdadera esencia. Cada palabra que escribes es un paso hacia tu liberación y la de tu linaje. Cuando hayas terminado, escribe este decreto y dilo en voz alta: «Ya no repito los patrones de sacrificio o sufrimiento de mis ancestros, y este es mi gran acto de amor. Tomo mi lugar aquí y ahora. De ahora en adelante, honro mi pasado desde la liviandad, la alegría y la prosperidad».*

## MENSAJE DEL UNIVERSO

Todo está divinamente
orquestado para que puedas
liberarte de lo que otros han
cargado antes de ti.
Aquí y ahora, todo peso cae
y las puertas indicadas
se abren ante ti.

## ✦ Secreto 4 ✦

# ESTÁS EXACTAMENTE DONDE DEBES ESTAR

Este secreto, junto con los anteriores, es el puente entre la resistencia y la rendición, entre el sufrimiento y la liberación. Cuando verdaderamente comprendes y encarnas esta verdad, tu presente se transforma de maneras milagrosas.

Date un momento para respirar profundamente. Siente el aire llenando tus pulmones, expandiendo tu pecho. Con cada exhalación, libera cualquier resistencia a tu situación actual, sea cual sea. Estás exactamente donde debes estar. No hay errores en tu camino: solo lecciones y oportunidades de crecimiento.

El universo es un tapiz interconectado y perfecto, y tú eres un hilo esencial en este diseño cósmico. Cada experiencia, cada desafío, cada alegría y cada dolor han sido parte de tu viaje único y necesario. No hay accidentes en el universo, solo sincronicidades divinas que tienen el poder de guiarte hacia tu evolución y plenitud.

Al inicio de este libro te hablé de una de las leyes herméticas, que son leyes ancestrales sobre el universo. Otra es el principio de causa y efecto, que afirma: «Toda causa tiene su efecto; todo efecto tiene su causa». Esto significa que cada situación en tu vida, cada circunstancia que enfrentas, es el resultado de causas que se han puesto en movimiento, ya sea consciente o inconscientemente, en esta vida o en otras. No eres una víctima del azar, alma hermosa, sino una parte esencial del tejido cósmico del universo.

Te mencioné en un secreto anterior que pasé mucho tiempo dibujando posibilidades de pasados diferentes, que llevaban a evitar momentos difíciles que tuve que afrontar. Pero en realidad, todo lo que viví fue por un motivo, por una razón. Y posiblemente no estaría escribiendo este libro si así no hubiera sido. Los momentos que te quiebran, te moldean. Y a veces, tras generaciones de una herida que no deja de doler, viene una persona destinada a tomar todo eso, para estar frente a la decisión de si seguir igual o tirar el tablero y, con él, cambiar las reglas del juego.

Reflexiona por un momento: ¿qué aprendizaje o fortaleza podrías tomar para tu presente si

> No hay accidentes en el universo, solo sincronicidades divinas que tienen el poder de guiarte hacia tu evolución y plenitud.
>
> Emma

reconocieras que has aprendido algo de todo paso que has dado? ¿Cómo cambiaría tu perspectiva si vieras cada situación de tu vida como una oportunidad para tu crecimiento y evolución? ¿Qué pasaría si entendieras que cada desafío es en realidad un regalo disfrazado de tragedia?

Tus creencias conscientes e inconscientes tienen un impacto directo en tu realidad física y en tu cuerpo. Nuestras células están constantemente escuchando nuestros pensamientos y respondiendo a ellos. Cuando aceptas y abrazas tu situación actual, envías un mensaje poderoso a cada célula de tu cuerpo: «Estoy a salvo. Todo está bien».

Recuerdo vívidamente una época en que sentía que todo estaba yéndose por el barranco. Había llegado al punto de luchar de manera constante contra mi pasado, contra todo lo que me había sucedido. Solo podía ver el dolor, y no parecía lograr salir de ese ciclo. Me sentía perdida por completo, preguntándome por qué me había pasado lo que me pasó, llegando solo a respuestas que me dejaban con aún más incertidumbres y victimismo. Fue en ese momento de absoluta desesperación cuando tuve una revelación profunda: estaba exactamente donde necesitaba estar para iniciar mi verdadero camino de crecimiento y compasión por mí. Al haber experimentado el dolor, había adquirido fortalezas. Había aprendido lo que no iba a volver a permitir jamás, cómo tratar a otros y cómo quería que me trataran a mí. Decidí dejar de preguntarme «¿Por qué a mí?» o «¿Cómo podría haber sido diferente?» para mejor preguntarme qué aprendí de cada situación. Moví el foco de lo que estaba fuera de mi control para llevarlo a lo que desde mi presente podía cambiar. Eso me convirtió en una persona más amorosa y compasiva conmigo misma.

Esta experiencia de «tocar fondo» fue el catalizador que necesitaba para despertar a mi verdadero propósito. Me llevó a explorar la espiritualidad desde mi perspectiva, a sanar heridas profundas y, finalmente, a encontrar mi camino como guía para otros en su viaje de sanación. Si no hubiera pasado por tantos momentos oscuros, no estaría aquí ahora, compartiendo estos secretos contigo. Si en mi vida nunca hubiera experimentado ninguna situación difícil o dolorosa, no podría haber descubierto mi fortaleza y todo mi amor. Ver desde la mirada de lo malo o de las heridas te impide tomar lo bueno que cada situación tiene el potencial de dejar.

Cierra los ojos y visualiza tu vida como un hermoso tapiz o manto. Cada hilo representa una experiencia, un desafío, una alegría. Cada uno, en conjunto, va creando una base para que puedas moverte por la vida con seguridad. Observa cómo todos esos hilos se entrelazan para crear un diseño único y hermoso. Ese tapiz es tu vida, y cada hilo es necesario para contemplar su belleza y cumplir su función.

El momento presente es el único momento que realmente existe. El pasado ya no está y el futuro aún no ha llegado. Tu poder reside en este preciso instante. Cuando aceptas de manera plena que estás exactamente donde debes estar, te alineas con el flujo de la vida y te abres a infinitas posibilidades. Tu futuro siempre es creado desde tu presente.

Comprender que estás exactamente donde debes estar no significa que debas conformarte o resignarte. Por el contrario, te brinda la posibilidad de transformar tu presente con las fortalezas que has adquirido a lo largo de los desafíos de tu vida. Ser consciente de todo lo que has atravesado te permite ver todo eso por encima, sabiendo que no tiene poder sobre ti, sino que has crecido, incorporado destrezas que hoy están a tu servicio para construir tu presente. Desde el presente, conscientemente cocreas con el universo tu futuro, porque la semilla de tu futuro está en cada acción y decisión que tomas ahora.

Para integrar esta verdad en tu ser, siéntate en un lugar tranquilo y cierra los ojos. Imagina que estás observando tu vida desde arriba, como si fueras otra persona. Desde este punto de vista, observa cómo cada experiencia, cada desafío, te ha llevado adonde ahora estás. Concéntrate en los dones que has incorporado. Si algún aprendizaje te deja con una sensación de tristeza, es un llamado a darle espacio y aire, ya que aún no ha sido integrado. Los aprendizajes integrados te empoderan y te llevan a sentirte bien contigo mismo, brindándote una sensación de paz.

Estás donde debes estar y, desde tu presente, puedes transformar tu futuro. Cuando lo sientas, abre tus ojos y continúa con tu día.

Recuerda, alma hermosa, que tu vida es un viaje, no un destino. Cada momento es una oportunidad para el crecimiento, el amor y la expansión. Al aceptar que estás exactamente donde debes estar, te liberas de la carga del *debería* y te abres a las infinitas posibilidades del *elijo*.

Tu posición actual es el trampolín perfecto para tu salto cuántico. Dejar de luchar contra tu presente lo convierte en suelo fértil desde el cual brotan nuevas posibilidades. No necesitas estar en ningún otro lugar para comenzar a crear la vida que deseas: estás en el lugar indicado. El poder está en el ahora, y tú estás en el lugar perfecto para aprovechar ese poder.

Diversos estudios de física cuántica demuestran que el observador influye en lo observado; a esto se le llama *efecto observador*. Hace varios años se descubrió que las partículas cambian su comportamiento dependiendo de si están siendo observadas o no. Este descubrimiento es clave porque nosotros, al igual que todo lo que nos rodea, estamos formados por partículas que se rigen por las leyes de la física cuántica. Esto significa que tu realidad no es fija, sino que responde a cómo la percibes. Si miras tu vida desde la carencia, las partículas que te componen y te rodean reflejarán esa limitación; si cambias tu enfoque hacia la abundancia y las posibilidades, la realidad se reorganiza para manifestarlas.

Cambiar tu mirada modifica literalmente la realidad que vives. Esto significa que, cuando miras desde otra perspectiva tu situación actual, literalmente das espacio a que cambie la realidad que experimentas. Al abrazar la verdad de que estás exactamente donde debes estar, creas un campo de posibilidades infinitas a tu alrededor.

Visualiza tu momento presente como una semilla que tiene todo tu potencial. De todas las posibilidades, estás donde estás por un motivo. Tienes frente a ti muchísimas más posibilidades de las que imaginas. Desde este lugar de expansión, pregúntate qué eliges crear en tu vida. Tómate un momento para reconocer hacia dónde eliges avanzar. No vas vacía, alma hermosa: vas acompañada por todo lo que en tu vida has logrado integrar. Cada experiencia es un aprendizaje.

Al integrar este secreto en tu vida, notarás un profundo cambio en tu experiencia diaria. Cuando lo incorporas, la resistencia disminuye, la aceptación crece, y sientes el poder de cocrear tu realidad desde un lugar de confianza y elección. Empiezas a ver sincronicidades en todas partes, señales del universo diciendo que estás justo donde debes estar.

Estás exactamente donde debes estar. Esta verdad es tu ancla en los momentos de duda y tu trampolín en los momentos de inspiración. Abrázala, vívela, y observa cómo cada situación se convierte en tu maestra.

Recuerda, no se trata de llegar a un destino final, sino de disfrutar

### El castillo de arena

*Un día se acercó una mujer a preguntarme:*

*—¿Cómo haces para confiar? ¿Cómo mantienes la fe de que lo que haces va a funcionar?*

*A lo que respondí:*

*—Cuando eres niño y estás jugando en el mar, un granito de arena, más otro, y otro... termina creando un castillo de arena.*

*Moraleja: De tanto hacer algo, mejorarlo, pulirlo y disfrutar el proceso... eso a la larga va a funcionar. Así has de lograr mucho en la vida: confía en que, al sumar y sumar, terminarás creando el camino para manifestar lo que tu alma desea.*

Emma

del camino. Si pasas tu vida intentando llegar al destino, cuando finalmente llegues vas a notar que es solo un instante. Un logro se vuelve efímero si no disfrutas del viaje. Aceptar sus altibajos también te enriquece, porque reconoces las herramientas que ya tienes dentro de ti y solo aparecen en los momentos desafiantes.

> Estás donde debes estar y, desde tu presente, puedes transformar tu futuro.
>
> Emma

Alma hermosa, eres dueña de tu vida, y tu presente es tu transporte, listo para llevarte hacia donde tú sueñas, porque con cada paso construyes tu vida. El universo conspira a tu favor. Cada desafío, cada momento de tu vida te está preparando para tu mayor expresión. Confía en el proceso. Confía en tu camino. Confía en la perfección del ahora. Los minerales experimentan muchísima presión por mucho tiempo hasta convertirse en diamantes. ¿Y si todo eso que has vivido hasta ahora te ha estado puliendo, dotándote de atributos para que hoy puedas brillar?

Antes de cerrar este secreto, respira profundamente y repite, en voz alta o susurrando: «Estoy exactamente donde debo estar y estoy bien. Disfruto de mi presente y a partir de él construyo el futuro que elijo. Soy todo lo que tengo que ser y tengo todo en mí. Con cada paso que doy, me estoy transformando para mi más elevado bien».

Permite que esta verdad resuene en cada célula de tu ser: estás exactamente donde debes estar. Es una verdad liberadora que te lleva a construir plenamente desde tu presente, confiando en la perfección de tu viaje. Acepta este regalo, vive desde este lugar de poder y observa cómo tu vida florece de maneras que nunca imaginaste posibles. Estás exactamente donde debes estar, y desde aquí hay un mundo de posibilidades.

## LLAVES DEL SECRETO

- Estás exactamente donde necesitas estar para tu evolución.
- El presente es el único momento en el que puedes actuar.
- Tu poder se activa cuando eliges vivir conscientemente el ahora.
- El presente es el único punto de poder real.

## ACTIVACIÓN DEL SECRETO

*Es momento de integrar esta sabiduría en tu experiencia.*

1. En una escala del 1 al 10, ¿qué tan en paz te sientes con tu presente en este momento? Escribe un pensamiento concreto que elijas cultivar hoy para sentirte en completa paz con tu presente. Por ejemplo, «Confío en el proceso de mi vida» o «Cada experiencia me está preparando para algo mejor».

________________________________________________

________________________________________________

________________________________________________

2. Enumera tres fortalezas o atributos con los que cuentes *ahora mismo* para crear el cambio que deseas. Por ejemplo, tu determinación, tu creatividad, tu capacidad de aprender rápido.

________________________________________________

________________________________________________

________________________________________________

3. Define una acción específica que te comprometas a llevar a cabo en las próximas 24 horas para aprovechar el poder de tu presente. Por ejemplo, tener esa conversación importante, dar el primer paso hacia ese cambio o comenzar ese proyecto que has postergado.

________________________________________________

________________________________________________

________________________________________________

*Marca tu progreso. Una vez que hayas completado la acción con la que te comprometiste, regresa a esta página y paloméala en lugar de tacharla. Observa cómo tu poder se expande con cada paso que das en el presente.*

MENSAJE
DEL UNIVERSO
Lo que se está colapsando
ya no te representa.
*Respira:* estás exactamente
donde necesitas estar.
A partir de este momento,
*vuelves a tu poder*.
@aletumentora
@gurudelacalma

## ✦ Secreto 5 ✦

# TU CUERPO GRITA LO QUE TÚ CALLAS

Hay mensajes que intentamos ignorar, verdades incómodas que preferimos callar. Pero nuestro cuerpo, el vehículo que habitamos, encuentra siempre la forma de hacernos escuchar.

Quizá sea ese dolor de cabeza que aparece cuando acumulas pensamientos que te atormentan o ese dolor de espalda que se intensifica cuando cargas con responsabilidades que no te corresponden. A veces te duelen las rodillas para recordarte que estás cediendo ante situaciones en las que no te quieres doblegar, o tal vez una gripe, recordándote que es momento de descansar.

Lo fascinante es que muchas veces esos dolores no aparecen en las radiografías ni en los análisis de sangre o estudios médicos. Y es que son el eco de emociones o verdades que necesitan ser escuchadas y reconocidas.

> Tratar el síntoma sin mirar su raíz emocional es como callar una alarma de incendios sin apagar el fuego que la provoca.
>
> Emma

¿Te has preguntado alguna vez por qué algunas personas se enferman constantemente y otras no, aun estando en el mismo entorno? Si todo fuera tan simple como decir que la enfermedad es solo cuestión de virus, bacterias o genética, todos reaccionaríamos igual ante las mismas circunstancias. Pero no es así.

La física cuántica ya ha demostrado que la materia, en su esencia, es energía en movimiento. Todo en nosotros vibra, desde nuestras células hasta nuestros pensamientos. Y así como una emoción puede cambiar tu ritmo cardiaco, hacerte sudar o sonrojar, también puede generar un impacto más profundo en tu cuerpo.

No me malinterpretes, esto no quiere decir que tengas que generalizar (soy antigeneralización), buscar en todo un mensaje o desestimar causas médicas, presencia de virus, bacterias, etc. No se trata de elegir entre un enfoque u otro, sino de comprender que tratar solo el síntoma, sin mirar la raíz emocional, puede ser como apagar una alarma de incendios sin ir al punto donde se inició el fuego.

En 1981, el doctor Hamer presentó su teoría sobre la relación entre los conflictos emocionales y las respuestas del cuerpo. Mediante sus observaciones llegó a la conclusión de que muchas enfermedades son modos de adaptarnos a situaciones de estrés no resueltas. Lo importante es entender que estos mensajes del cuerpo no aparecen para simplemente hacerte enfermar, sino para mostrarte la oportunidad de cambiar algo en tu vida. Tu cuerpo te avisa cuando algo no está alineado contigo. Susurra el camino a tomar, marca dónde hay un desbalance y te da la posibilidad de restaurar el equilibrio.

Empezar a escucharlo puede ser más simple de lo que parece. Puedes notar si una situación te genera calma o tensión. Si tu cuerpo se relaja ante una decisión, puede ser una señal de que estás en sintonía contigo. Si, en cambio, sientes un peso, incomodidad o tensión recurrente, quizás tu cuerpo te está mostrando que algo necesita cambiar. Tu cuerpo siempre comunica. La clave está en darle espacio para poder escuchar.

Cierra los ojos por unos momentos. Respira hondo. Siente cómo el aire ingresa a tus pulmones, observa las diferentes partes de tu cuerpo. Observa tu respiración, sin juzgar. Cada sensación es parte del lenguaje de tu cuerpo. Tómate un momento para sentir. Simplemente siente. No juzgues, no interpretes. Solo sé consciente de las sensaciones en tu cuerpo. Observa por un momento: ¿qué te está diciendo en este preciso instante? Si tu cuerpo hablara en este momento, ¿te diría que está cómodo o incómodo, relajado o bajo estrés? ¿Qué puedes hacer ahora mismo para que tu cuerpo se sienta mejor, más a gusto?

Como biodecodificadora y sanadora, he aprendido a escuchar no solo mi cuerpo, sino también los mensajes que el universo me envía a través de él. Antes de cada sesión personalizada que brindo, a menudo experimento sensaciones físicas peculiares y puntuales. Con el tiempo aprendí a descifrar ese lenguaje tan amplio y rico en información. Increíblemente, estos síntomas suelen ser exactamente los que está experimentando la persona que llega. Esos mensajes aparecen sin importar que nunca haya visto a la persona en mi vida, ni que se encuentre en otro lugar del mundo en el momento de la sesión. Con el tiempo llegué a la conclusión de que esto significa que hay una parte de nosotros que nos conecta, y que nuestro cuerpo tiene el poder de transmitir mensajes propios y de otros.

Posiblemente te haya pasado estar con alguien que se siente muy bien, y que de repente te comunica, sin siquiera saberlo, parte de ese entusiasmo. O tal vez te haya sucedido lo contrario, encontrarte con una persona y que te transmita una emoción de tristeza o apatía.

Recuerdo vívidamente una ocasión en la que sentí un intenso dolor de garganta justo antes de una sesión. Cuando la sesión comenzó, el dolor se hizo más intenso, y se lo comenté a la persona. Me contó que llevaba semanas posponiendo una conversación difícil con su pareja, y que sentía que desde entonces se estaba enfermando. Su cuerpo estaba manifestando físicamente lo que su boca, por miedo de herir a su pareja, se negaba a expresar.

Cada experiencia me ha enseñado que nuestros cuerpos no solo reflejan nuestras propias emociones reprimidas, sino que también pueden resonar con las energías de quienes nos rodean. Somos verdaderamente seres interconectados, y nuestros cuerpos son antenas sensibles que constantemente captan y transmiten información.

Existe una conexión profunda e inseparable entre nuestra mente, nuestras emociones y nuestro cuerpo físico.

Cada pensamiento que tienes, cada emoción que experimentas, tiene un impacto directo en tu biología. Cuando reprimes emociones, cuando te niegas a escucharte, cuando ignoras tus necesidades, tu cuerpo encuentra formas de comunicarse contigo. A veces es una ligera tensión en el cuello, un malestar en el estómago. Estos mensajes van escalando según su importancia. Es por eso que muchas veces, cuando se ignoran los mensajes durante demasiado tiempo, el cuerpo grita a través de enfermedades, dolores crónicos, o desequilibrios más serios.

Reflexiona por un momento: ¿Hay algún síntoma recurrente en tu cuerpo? ¿Cuándo aparece? ¿Qué podría estar tratando de decirte que necesitas hacer o dejar? No busques ponerle forma al mensaje, simplemente reconoce lo que aparece.

Así como tus pensamientos y emociones pueden crear desequilibrios en tu cuerpo, también tienen el poder de sanar. Cada vez que eliges un pensamiento de amor en lugar de miedo, cada vez que expresas una emoción en lugar de reprimirla, cada vez que honras las necesidades de tu cuerpo, estás enviando señales de sanación a cada una de tus células.

Para ayudarte a conectar más profundamente con la sabiduría de tu cuerpo y descifrar sus mensajes, te comparto una meditación sencilla y poderosa llamada *escaneo corporal*. Dedica unos minutos cada mañana a recorrer mentalmente tu cuerpo, de los pies a la cabeza. Observa cada sensación sin juzgar. Ahí donde aparece una sensación, pregúntate: si hubiera algo que pudiera hacer para que esto se transformara en comodidad o en bienestar, ¿qué sería? ¿Cuál es el mensaje que me está enviando?

Este simple acto de atención consciente puede revelar mensajes profundos de tu cuerpo y de tu mente. Aquí es clave que apagues tu mente y escuches a tu cuerpo. Esto es porque tu cuerpo tal vez diga una cosa y tu mente otra.

Te recomiendo llevar un registro diario de tus sensaciones físicas, emociones y situaciones asociadas con ellas. Con el tiempo, podrás ver patrones reveladores. Mi don no se despertó de un momento a otro: es algo que se ha ido acentuando cada día. Con cada nuevo mensaje, amplío el lenguaje de mi cuerpo. Aquí lo único importante es que esta herramienta te sirva para diferenciar lo que se siente bien para ti de lo que te quita bienestar.

Estos son otros recursos que puedes sumar:

✦ Cada noche, antes de dormir, di en voz alta o susurrando: «Querido cuerpo, te amo y te acepto exactamente como eres. Te pido disculpas si te juzgué o no te escuché. Te escucho con amor y te trato con respeto. Le doy las gracias a cada célula de mi cuerpo por funcionar y trabajar para mi salud plena. Te escucho, querido cuerpo y te doy las gracias». Si al decirlo te emocionas o te dan ganas de llorar, quiere decir que posiblemente estabas olvidando escuchar, honrar o respetar a tu cuerpo. Observa cómo tu cuerpo responde a esto. Es clave que lo digas con sentimiento, no en automático.

✦ En el momento del día en que lo sientas, pon una canción que te guste y permite que tu cuerpo se mueva libremente. Deja que exprese todo lo que has estado reprimiendo. Muévete no para verte bien, nada de pasos prolijos y pensados. En lugar de eso, muévete para dejar salir movimientos honestos, sin mente. Al principio, seguramente te sientas ridícula, alma hermosa, pero te aseguro que cuando lo que haces se vuelve honesto, tiene un poder muy liberador.

> Aprender a escuchar los susurros de tu cuerpo evita que tengas que escucharlo gritar.
> Emma

Entre la cantidad de cosas que he hecho en mi vida, la danza africana es una de las que más me han hecho reír conmigo misma. Son movimientos que no están hechos para que se vean bonitos, sino para que saques una parte de tu esencia. Eso es liberador y te conecta con esa parte tuya que disfruta de jugar. Ahí, lo que en un principio se siente ridículo, se vuelve hermoso y se convierte en aceptación total.

En el cuerpo se alojan tensiones, por lo que bailar o moverlo (según tus posibilidades) puede ser un acto profundamente liberador. Como maestra de yoga, he descubierto el poder del movimiento del cuerpo. Cada vez que llamas al movimiento, escoges ir con la vida, liberando energías estancadas que con el tiempo han armado una coraza. No tiene sentido luchar contra esa armadura; mejor permite que se desprenda sola con tu movimiento. Elige una de estas prácticas y comprométete a realizarla durante 21 días. Paso a paso va a dar lugar a un gran cambio en tu relación con tu cuerpo y en cómo te sientes.

Recuerda, alma hermosa, que tu cuerpo es tu aliado más fiel en este viaje de vida. No es tu enemigo, no está tratando de sabotearte. Incluso cuando experimenta síntomas desagradables está tratando de ayudarte, de guiarte hacia un mayor equilibrio y bienestar. Tu cuerpo también está haciendo lo mejor que puede con las herramientas que tiene.

Al aprender a escuchar y honrar los mensajes de tu cuerpo, abres la puerta a una sanación profunda y duradera. Comienzas a vivir en mayor armonía contigo mismo y con el mundo que te rodea. Tu cuerpo se convierte en tu guía, tu maestro, tu aliado y vehículo en la creación de tu vida.

Antes de concluir, toma un momento para agradecer a tu cuerpo. Pon una mano sobre tu corazón y otra sobre tu vientre. Di en voz alta o susurrando: «Gracias, cuerpo, por tu sabiduría, por tu fortaleza, por tu constante compromiso por mantenerme con vida y saludable. Me comprometo a escucharte, a honrarte, y darte lo que realmente te hace bien».

Siente la gratitud y el amor fluyendo a través de ti. Tu cuerpo grita lo que callas, pero cuando aprendes a escuchar los susurros, ya no necesita gritar. Este es el camino hacia una sanación integral, hacia una vida en armonía con todas las partes de tu ser. Confía en la sabiduría de tu cuerpo, escucha sus mensajes y observa cómo el hecho de estar en sintonía con él transforma tu vida de maneras que no imaginabas posibles.

Eres un ser multidimensional, y es importante que cuerpo, mente y espíritu estén en sintonía. Cuando estas tres dimensiones de ti están en armonía, experimentas una nueva forma de vivir y sentirte. Todo comienza con escuchar, verdaderamente escuchar, lo que tu cuerpo tiene que decir. Y si tu mente y tu cuerpo dicen cosas diferentes, escucha a tu cuerpo, porque la mente a veces tiene el poder de autoconvencerse. El poder de sanar está dentro de ti. Siempre ha estado allí.

## LLAVES DEL SECRETO

- Tu cuerpo siempre encuentra la forma de comunicarse contigo.
- Los síntomas físicos son mensajes que buscan guiarte hacia el equilibrio.
- Tu cuerpo es tu aliado, no tu enemigo.
- La sanación ocurre cuando escuchas y honras los mensajes de tu cuerpo.

## ACTIVACIÓN DEL SECRETO

*Es momento de integrar esta sabiduría en tu experiencia.*

1. ¿Qué mensaje está intentando comunicarte tu cuerpo en este momento? Describe una sensación física que experimentes frecuentemente. Por ejemplo, ese dolor de cabeza cuando sientes estrés, esa tensión en los hombros cuando te preocupas demasiado, o ese nudo en el estómago en situaciones específicas.

____________________________________________

____________________________________________

____________________________________________

2. ¿Qué verdad ha estado intentando expresar tu cuerpo que hayas estado ignorando? Por ejemplo, cuando tu cuerpo pide descanso pero sigues exigiéndole más, o cuando te pide movimiento pero mantienes una rutina sedentaria.

____________________________________________

____________________________________________

____________________________________________

3. Escribe un mensaje de agradecimiento a tu cuerpo, reconociéndolo como tu aliado más fiel. Por ejemplo, agradecer por su fortaleza, por mantenerte en movimiento o por ser tu compañero fiel en cada experiencia.

____________________________________________

____________________________________________

____________________________________________

*Cada vez que escuchas a tu cuerpo, fortaleces tu conexión con tu sabiduría interior.*

**MENSAJE DEL UNIVERSO**

*Respetar tus tiempos también es avanzar.* Escuchar a tu cuerpo y honrar tus ritmos es volver a tu centro. *Estás despertando el poder que hay en tu interior.*

## ✦ Secreto 6 ✦

# LO QUE JUAN DICE DE PEDRO HABLA MÁS DE JUAN QUE DE PEDRO

Alma hermosa, este es un refrán que tiene el poder de transformar radicalmente tu percepción de ti y del mundo. Contiene en su interior un gran secreto: las palabras de los demás reflejan sus propios mundos, no el tuyo.

Imagina por un momento que cada persona lleva consigo un proyector interno. Este proyector está cargado con todas sus experiencias, creencias, miedos y deseos. Cuando interactúan contigo, lo que ven no es realmente a ti, sino la película que están proyectando. Sin saberlo, interpretan lo que ven a través de sus juicios, opiniones y creencias. Esto lleva a que lo que ven en ti no sea lo que en realidad eres, sino el resultado de lo que ven, pasado por el filtro de su guion interno.

> Los insectos siempre se sienten atraídos por la luz que más brilla. No apagues tu fulgor, sin importar lo que otros digan de ti, porque en la boca de un envidioso toda persona es criticada.
>
> **Emma**

Cierra los ojos y visualiza este proyector interno. ¿Qué imágenes crees que proyectas sobre los demás? ¿Cuáles proyectan ellos sobre ti? Estas proyecciones crean una ilusión de realidad que a menudo aceptamos sin cuestionar.

«Todo es mente, el universo es mental», nos enseña el antiguo principio hermético del mentalismo. Esta profunda verdad revela que nuestra realidad es una manifestación de nuestros pensamientos y creencias. Cuando alguien te juzga o te critica, no está describiendo tu realidad, sino la suya propia.

Las palabras de los demás solo tienen el poder que tú les das. Piensa en un momento en que alguien te haya criticado con dureza. ¿Cómo te sentiste? Probablemente esas palabras te dolieron y quizá, incluso, las creíste. Pero ahora vamos a dar un paso atrás y observar esa situación desde una nueva perspectiva. Esas palabras hirientes no eran sobre ti en absoluto. Eran un reflejo de los miedos, inseguridades y limitaciones de quien las pronunció. Que alguien crea que está diciendo una verdad no significa que así sea. Y como te mencioné antes, ves el mundo a través de filtros que moldean tu visión.

En mi práctica como hipnoterapeuta y guía espiritual, he sido testigo de innumerables transformaciones cuando las personas comprenden realmente esta verdad. Recuerdo vívidamente a una mujer que llegó a una de mis sesiones sintiéndose por completo derrotada. Su jefe constantemente la criticaba y le decía que no era lo bastante ambiciosa.

Durante nuestro trabajo juntas, comenzó a ver que las críticas de su jefe eran en realidad un reflejo de sus propias inseguridades y miedo al fracaso. Por otro lado, logró reconocer que ella se había dejado afectar por completo por él, pues en el fondo ella no se sentía segura de sí misma. Esta comprensión fue profundamente liberadora para ella, que dejó de internalizar esas críticas y de sentirse afectada por ellas.

La práctica de ser observadores de nuestros pensamientos y emociones es fundamental en este proceso. Y es clave extender esta práctica a las palabras de los demás. Obsérvalas como un reflejo de sus mundos internos, no como verdades absolutas sobre ti.

¿Cuántas veces has permitido que las palabras de otros definan quién eres? ¿Puedes recordar un momento específico en que las opiniones ajenas te hayan limitado? Ahora imagina cómo cambiaría tu vida si dejaras de darles ese poder para dar espacio a tu sentido de seguridad y confianza en ti.

Para ayudarte a integrar este poderoso secreto en tu vida diaria, te recomiendo hacer el ejercicio llamado «el reflejo de la proyección». Cuando alguien te critique, en lugar de reaccionar haz una pausa y pregúntate: «¿Qué me está revelando esto sobre el mundo interior de esta persona?». Visualiza sus palabras como burbujas que flotan frente a ti, observa su fragilidad. Ellas no tienen poder sobre ti. Observa cómo se desvanecen sin tocarte.

Haz esta práctica cada vez que lo necesites. Y como dice Ale, no tomes una crítica de quien no tomarías un consejo.

Todos explotamos de vez en cuando, sobre todo cuando nos tocan nuestras heridas o el ego, o sea, la imagen que tenemos de quienes somos. Un ejercicio que me ha servido enormemente es procurar no identificarme por completo con la imagen que tengo de mí. A veces, en medio del ajetreo diario, eso puede resultar un poco desafiante, por lo que me resultó más sencillo tomar unos minutos del día para cerrar los ojos y visualizar que yo soy otro ser, mucho más grande y sabio, que se encuentra por encima de mí. Mientras lo hago, me vacío de la necesidad de quedar bien ante otros, o siquiera de establecer un punto. Estoy en tal conexión con eso más grande que soy que no ne-

### El regalo no aceptado

*Un día, el Buda estaba meditando bajo un árbol cuando un hombre furioso se acercó y comenzó a insultarlo. El Buda permaneció en calma, sin responder ni moverse. Frustrado por la falta de reacción, el hombre preguntó:*

*—¿Por qué no me respondes? ¡Mis palabras no te importan!*

*El Buda abrió los ojos lentamente y dijo:*

*—Si alguien te ofrece un regalo y no lo aceptas, ¿a quién pertenece?*

*—A quien lo ofreció —respondió el hombre.*

*El Buda asintió y agregó:*

*—De la misma forma, tus insultos y tu ira me pertenecen solo si yo los acepto. Como no los he aceptado, todavía son tuyos.*

Sabiduría budista tradicional

cesito defender nada de mi imagen externa, de lo que ven los demás.

Las palabras de otros no pueden definirte ni limitarte, a menos que tú lo permitas. El ejercicio que te acabo de compartir te desconecta de lo que crees que debes demostrar; por lo tanto, no da lugar a que permitas que las palabras de otros pongan en riesgo quién eres. Tu esencia es vasta y hermosa, más allá de cualquier descripción o juicio propio o ajeno.

Al entender que las palabras de otros reflejan sus mundos y no el tuyo, te liberas para ser auténticamente quien eres. Te vuelves la creadora consciente de tu realidad, alma hermosa, no un producto de proyecciones ajenas.

Toma un momento para conectar con tu esencia. Pon una mano sobre tu corazón y di en voz alta o susurrando: «Las palabras o pensamientos de otros no me definen. Elijo conscientemente las energías que permito en mi vida. Me libero del peso de lo que tengo que ser, para simplemente ser desde mi esencia. Mi esencia no se define: es infinita». Siente el poder de esta afirmación resonando en cada célula de tu ser.

Que este conocimiento te empodere para vivir desde tu verdad más auténtica, liberándote de las limitaciones impuestas por las percepciones de otros. Eres un ser de luz infinita, capaz de crear tu propia realidad momento a momento. Brilla con tu propia luz, desde tu autenticidad. Vive desde tu verdad más profunda y permítete descubrir que eres incluso muchísimo más de lo que creías. El mundo necesita de tu luz única e irrepetible.

## LLAVES DEL SECRETO

- ✦ Lo que otros dicen de ti habla de su realidad interior, no de la tuya.
- ✦ Cada persona ve el mundo a través de sus propias proyecciones y filtros.
- ✦ Los juicios de otros son un reflejo de sus propias experiencias y creencias.
- ✦ Las palabras de otros solo tienen el poder que tú decides darles.

## ACTIVACIÓN DEL SECRETO

*Es momento de integrar esta sabiduría en tu experiencia.*

1. Recuerda una crítica reciente que te haya afectado. ¿Cómo puedes ver eso de otro modo, en lugar de pensar que habla de ti? Por ejemplo, cuando alguien critica tu forma de vestir, probablemente refleja sus propias inseguridades sobre su imagen o sobre su capacidad de mostrarse con autenticidad.

________________________________________

________________________________________

________________________________________

2. ¿Qué juicios emites frecuentemente sobre otros? ¿Qué revela esto sobre tus propias creencias y experiencias? Por ejemplo, si te molesta que otros sean muy extrovertidos, quizás refleja tu propia

incomodidad con la expresión libre. Esto no es para juzgarte; todo lo contrario, te brinda la posibilidad de ganar libertad.

______________________________________________

______________________________________________

______________________________________________

3. Identifica una situación actual que te haya estado afectando a la que puedas aplicar el dicho «Lo que Juan dice de Pedro habla más de Juan que de Pedro». ¿Cómo cambia tu perspectiva al ver la situación desde esta nueva luz? Por ejemplo, cuando alguien critica tus sueños, está revelando sus propios miedos a intentar algo nuevo. Al verlo de este modo, das más espacio a reconocer que eso no significa que vayas a fallar o que tengas una mala idea; solo refleja los pensamientos y creencias de esa otra persona.

______________________________________________

______________________________________________

______________________________________________

*Cada vez que recuerdas que las opiniones de otros hablan de ellos y no de ti, recuperas tu poder.*

## MENSAJE DEL UNIVERSO

Lo que otros dicen de ti no es tu reflejo, es el de ellos. *No estás aquí para encajar en sus proyecciones.* El elefante no pierde el tiempo explicando su grandeza: camina con la gracia de ser quien es. A partir de hoy, te enfocas en seguir brillando.

## ✦ Secreto 7 ✦

# DEJA DE DEPENDER DE OTROS

Muchos de nosotros hemos sido programados para la dependencia desde el momento en que llegamos a este mundo. Alma hermosa, a muchos nos han dicho que necesitamos a otros para sentir que estamos completos. Nos han condicionado para buscar validación, para encajar, para temer la soledad. Porque, claro, siglos atrás, ser parte de un grupo podía marcar la diferencia entre perecer o seguir con vida.

Pero, con el tiempo, esto nos ha llevado a desconectarnos de nuestro poder y autenticidad. Buscamos aprobación, esperamos reconocimiento y, sin darnos cuenta, empezamos a medir nuestro valor en función de la respuesta de los demás, no solo en el amor, sino en cada aspecto de nuestra vida. Y, poco a poco, sin darnos cuenta, esto puede llevarnos a colocar nuestra felicidad o nuestra realización en manos ajenas.

La verdadera libertad surge cuando dejas de depender de la validación externa. No se trata de encontrar a alguien que te complete ni de encajar en lo que otros esperan de ti, sino de sostenerte a ti mismo con seguridad. Cuando confías en ti, las decisiones dejan de basarse en el miedo al rechazo y empiezan a nacer de tu propia verdad.

¿Alguna vez has sentido que la opinión de alguien más puede cambiar tu estado de ánimo? ¿Que el silencio o la desaprobación de otros pesa tanto que te hace cambiar de opinión sobre algo que ibas a hacer? Es natural, porque nos enseñaron a buscar afuera lo que solo podemos encontrar dentro. Pero cuando empiezas a reconocer tu propio valor sin depender de lo que piensen los demás, descubres una libertad que nada ni nadie puede quitarte.

La verdadera libertad surge cuando dejas de depender de la validación externa.

Emma

Hay un experimento que condujo el psicólogo polaco Solomon Asch que refleja esto con claridad. Reunió a diversos grupos de participantes, pero de cada uno, solo uno de ellos era el sujeto real del experimento; los demás eran cómplices. Se les mostró una imagen con una línea de referencia y tres líneas de comparación, y se les pidió que identificaran cuál de las tres líneas tenía la misma longitud que la de referencia.

Al principio, los cómplices daban respuestas correctas, pero luego, tal como se les había indicado, comenzaron a dar respuestas incorrectas. El sujeto real, desconociendo esto, y al ver que todos los demás daban la misma respuesta equivocada, sentía presión y, en muchos casos, terminaba dando la misma respuesta errónea, aunque sintiera que estaba mal.

El estudio demostró que las personas pueden ceder a la presión social y conformarse con la opinión del grupo, incluso cuando saben que es incorrecta. Esto llevó a la conclusión de que el miedo al rechazo y la necesidad de encajar pueden llevar a la gente a ignorar su propio juicio y aceptar información incorrecta solo porque la mayoría lo hace.

### El pájaro y la jaula invisible

*Había un pájaro que vivía en una jaula con la puerta abierta, pero nunca salía a volar. Otros pájaros le preguntaban por qué no salía, y él respondía: «Espero que alguien me diga que es seguro volar». Un día, una pequeña mariposa le susurró:*

*—Las alas que tienes son tuyas, no necesitas permiso de nadie para usarlas.*

*El pájaro comprendió que siempre había tenido la libertad; solo necesitaba confiar en sí mismo para tomarla.*

Emma

Sin darnos cuenta, nos han condicionado a seguir lo que dicta la mayoría, incluso cuando sabemos que algo no está bien para nosotros. Romper con esa programación requiere valentía, pero cuando lo haces, tomar una decisión auténtica se vuelve más fácil. Al final, las personas por las cuales te detuviste no serán quienes paguen el precio de lo que has perdido. Eres tú quien carga con las consecuencias de lo que no te has permitido. Y tú eres quien te acompaña a lo largo de toda tu vida, por lo que es clave que aprendas a disfrutar de tu propia compañía. Varios años atrás, cuando la vida me obligó a irme a otro país y dejar atrás todo lo que conocía, aprendí a valorar mi compañía. Al final de ese viaje entendí lo que es para mí una gran verdad: es difícil elegir a alguien con conciencia si antes no dejas de escapar de ti.

Reconocer esto hace tu camino más claro, porque comprendes el costo de elegir un rumbo que no es realmente tuyo. Tus decisiones empiezan a basarse en lo que deseas de verdad, no en el miedo a decepcionar. Tu bienestar deja de depender de lo que sucede afuera y aprendes a ser quien realmente eres, sin ajustarte a expectativas ajenas.

Los tiempos contigo no son tus enemigos, sino espacios para reencontrarte con quien eres. Al estar contigo puedes escuchar tu verdadera voz con claridad. Tu valor no depende de cuánta gente te necesita, ni de cuánta gente está ahí para ti.

Cada vez es más fácil caer en la trampa de la dependencia. Los *likes*, los comentarios, los mensajes se han convertido en nuevas formas de validación. Muchas personas revisan constantemente el celular buscando esa dosis de dopamina que les da el saber que alguien los necesita o piensa en ellos.

Ahora volvamos a por qué no depender de otros es importante para ti: un ser que depende de otros es un ser fácil de controlar. Un ser que necesita aprobación es un ser que teme salirse del guion. Pero un ser que se reconoce libre, que deja de buscar afuera y empieza a escuchar su propia voz, se convierte en un ser imposible de manipular.

Cuando te liberas de esta programación, descubres que:

- ✦ Eres un ser mucho más poderoso de lo que imaginas.
- ✦ No necesitas la aprobación de otros para validar tu camino.
- ✦ Tus decisiones nacen de tu verdad, no del miedo al rechazo.
- ✦ Tu felicidad deja de estar atada a factores externos.
- ✦ Recuperas tu poder, tu intuición y tu conexión con lo que realmente disfrutas.

Te propongo hacer este ejercicio una vez a la semana para fortalecer tu conexión interna y recordar que todo lo que buscas afuera ya está en ti.

1. Dedica al menos 15 minutos a estar a solas, sin celular ni otras personas. Haz algo que realmente disfrutes: pintar, leer, caminar, escribir o simplemente contemplar el paisaje. Permítete disfrutar de tu propia compañía, sin prisa.
2. Luego pregúntate: «¿Qué me estaba diciendo que necesitaba, que en realidad ya está en mí?». Tal vez buscabas seguridad, amor, reconocimiento o tranquilidad. Date cuenta de que esas cualidades ya existen dentro de ti.

Con el tiempo, este ejercicio te ayudará a fortalecer tu confianza y a depender menos de la validación externa. Cuando aprendes a nutrirte desde dentro, las relaciones con los demás se vuelven más libres y auténticas.

Una de las más famosas frases bíblicas dice: «Ama al prójimo como a ti mismo». Algo que está obviado en ella es lo más importante que debes recordar: para amar a otros es importante saber primero lo que se siente amarte a ti. Alma hermosa, no depender de los demás no significa aislarte. Significa que puedas sentir plenitud estando contigo y elegir tus relaciones desde la libertad, no desde la necesidad.

La plenitud te espera del otro lado del miedo a la soledad. Cuando realmente dejas de depender de otros, tus relaciones se transforman. Ya no te relacionas desde el miedo, sino desde el amor. Ya no buscas llenar vacíos, sino compartir plenitud. Las relaciones sanas son como dos árboles que crecen uno junto al otro. Sus raíces son independientes, sus troncos son fuertes por sí mismos y sus ramas pueden entrelazarse en el cielo conservando su individualidad.

## LLAVES DEL SECRETO

- Tú eres quien te acompaña a lo largo de toda tu vida.
- La dependencia emocional es una programación, no tu naturaleza.
- Tu valor no depende de la validación externa.
- La verdadera libertad nace cuando dejas de buscar aprobación.
- Tu poder está en confiar en tu propia verdad.

## ACTIVACIÓN DEL SECRETO

*Es momento de integrar esta sabiduría en tu experiencia.*

1. En una escala del 1 al 10, ¿qué tanto dependes de la opinión de otros para tomar decisiones? Identifica una decisión que pudieras tomar hoy basándote solo en tu verdad interior. Por ejemplo, cambiar tu estilo, elegir una nueva actividad, o modificar una rutina sin consultar a nadie.

________________________________________________

________________________________________________

________________________________________________

2. ¿En qué situaciones de tu vida actual estás buscando validación externa? Por ejemplo, cuando publicas en redes sociales esperando aprobación, cuando te vistes pensando en el qué dirán o cuando modificas tus planes para complacer a otros.

________________________________________________

________________________________________________

________________________________________________

3. Escribe una decisión importante que hayas tomado siguiendo tu intuición y que haya resultado bien, aunque otros no estuvieran de acuerdo. Por ejemplo, cuando elegiste ese cambio que todos cuestionaron o cuando seguiste tu corazón a pesar de las críticas.

________________________________________________

________________________________________________

________________________________________________

*Cada vez que eliges confiar en ti, tu poder personal se fortalece.*

## MENSAJE DEL UNIVERSO

Depender de otros en extremo lleva a cualquiera al agotamiento. Estás comenzando a reconocer tu valor real y tu poder de elegir con quién cocreas. *Desde ahí atraes* los vínculos indicados en el momento correcto.

## ✦ Secreto 8 ✦

# CONVIERTE LA MIERDA EN ORO

Alma hermosa, hemos llegado al octavo y último secreto de sanación. Estás a punto de concluir con el primero de los tres pilares para reclamar tu poder y manifestar.

Como te mencioné en varias ocasiones, he tenido el honor de acompañar a millones de almas que, como yo, en su vida han atravesado de todo. Ellas son, desde mi perspectiva, las personas que tienen el potencial de convertirse en las más fuertes una vez que convierten la mierda en oro. Porque han atravesado mucho de lo que saben que no es justo, han sido tratadas como saben que no tratarían a otros, han visto la peor cara de la sociedad, y saben muy bien cuál es el tipo de mundo en el que quieren vivir y lo que ya no toleran.

Muchos confunden esto y piensan que las personas buenas son débiles porque escogen la bondad. En realidad, es esa capacidad de escoger no devolver con la misma moneda lo que las dota de una fortaleza sin igual. Hace falta muchísima valentía para escoger amor en un espacio donde la oscuridad o la maldad son lo corriente. Hace falta un alma grande para no herir de la misma forma en la que te han herido. Eso es nobleza.

> Se necesita un alma noble para no herir de la misma forma en la que te han herido.
>
> Emma

Este capítulo tiene un nombre fuerte, porque en verdad se trata de comprender que todo lo difícil y duro que has atravesado no es algo para ocultar, avergonzarte o intentar borrar, sino que te dota de un poder, más que humano, divino. No tienes que estar gritando lo que viviste a los cuatro vientos, pero tampoco intentar esconderlo, porque si no, de alguna forma, eso va a explotar. Hace tiempo leí algo que decía más o menos lo siguiente: si vas a ir a una batalla, ¿a quién escogerías como tu escudero? ¿A una persona que no ha estado en batalla o a esa persona experimentada que sabe dónde puede haber trampas ocultas y pasadizos secretos? Lo mismo sucede con esto. Las voces más amorosas son las que saben cómo hablarle a quien tienen enfrente, no por sus palabras bonitas, sino porque han caminado con sus zapatos y han aprendido desde lo más profundo de su alma a hablar desde esa empatía y compasión.

Aunque no comprendas por qué lo peor de tu historia ha sucedido, créeme que hay mucho aprendido detrás de eso. Puedes transformar el dolor en poder.

La sociedad nos ha programado para esconder nuestras heridas, maquillar el dolor, fingir que ciertos capítulos nunca existieron. Pero ahí está el engaño. Tu dolor no desaparece cuando lo escondes: se transforma en una fuerza invisible que gobierna tu vida desde las sombras. Muchas veces sale a la superficie en forma de patrones repetitivos, enfermedades, miedos o heridas.

Los traumas que experimentamos suelen tener varias cosas en común: son vividos con una profunda sensación de soledad, falta de control, confusión, humillación o culpa. Es por esto que suelo implementar el aliviar el peso del recuerdo y permitir que la persona diga lo que realmente vivió, sin dibujarlo con palabras bonitas, para que pueda admitir lo vivido, con las palabras más crudas. Cuando aparece una emoción fuerte, intentar negar lo sucedido te pone frente a un muro impenetrable. Pero admitir que eso pasó, reconocer cómo se sintió y vivirlo desde una nueva energía tiene el poder de convertir lo peor en un portal a otro tipo de visión de tu vida.

### El pescador y el empresario

*Un empresario vio a un pescador relajándose en la playa.*

*—¿Por qué no pescas más? —preguntó.*

*—Tengo suficiente para mi familia —respondió el pescador.*

*—Con más pesca podrías comprar un barco más grande, contratar empleados y hacerte rico —insistió el empresario.*

*—¿Y luego qué? —preguntó el pescador.*

*—Podrías retirarte, relajarte en la playa —dijo el empresario. El pescador sonrió:*

*—¿No es eso lo que estoy haciendo ahora?*

*Moraleja: La verdadera riqueza y gratitud se encuentran a menudo en apreciar lo que ya tenemos.*

Cuento sufí

Muchas de las almas hermosas que acompaño en sesiones se ríen cuando, de repente, en presencia de una energía muy fuerte, como un abuso, uso palabras para que la persona saque todo diciendo las groserías que siente. Es lo último que se podían imaginar viniendo de mí. Dejo que griten, que lloren, que admitan lo que todo este tiempo sentían que tenían que callar. Ese es un primer paso, porque la persona puede descargar sintiéndose no juzgada, sino comprendida. Esa persona ha atravesado algo y necesita dejar de negarlo para poder soltar.

Imagina que un niño se enoja porque le quitaron su juguete, pero en lugar de permitirle expresar su emoción, sus padres lo regañan diciéndole que no debe enojarse. El niño, para ser aceptado, aprende a tragarse el enojo en lugar de soltarlo. Crea una imagen bonita y aceptable de cómo se debe mostrar. Pero esa emoción no desaparece: solo se esconde y se convierte en su sombra, donde se acumula como una olla de presión a punto de estallar. Con el tiempo, puede convertirse en frustración, ansiedad o incluso en explosiones de ira incontrolada, precisamente lo contrario de lo que intentaban evitar.

> Un monje le preguntó a su maestro:
>
> —¿Qué es lo más difícil en la vida?
>
> El maestro respondió:
>
> —Lo más difícil es dar las gracias en momentos difíciles.
>
> **Reflexión zen**

Algo mágico sucede cuando dejas de ocultar tu sombra, tu pasado, y simplemente admites lo que sea que no parabas de negar: comienzas a hacer espacio para que en verdad te vean, le quitas el peso al miedo de que te vean como la persona que eres. En ese momento en el que dejas caer la vergüenza, la culpa o lo que sea que estabas guardando sientes la profunda liviandad de dejar que *realmente* te vean, porque ya no hay nada que esconder, nada que callar, nada que contar, nada que fingir solo para encajar.

Dejar de luchar contra tu pasado hace espacio a enfocar tu mirada de una forma fresca en tu presente. De este modo, puedes reconocer que tú escoges cómo vivir tu vida, y lejos de seguir cargando mierda, te conviertes en alquimista de tu propio oro.

La traición puede despertar en ti un radar para la verdad. El abandono, enseñarte a reconocer tu valor y a valorar a quienes te escogen. Son experiencias que han despertado herramientas para transitar los momentos duros de la vida. Lo que niegas te domina. Lo que aceptas te transforma.

Querida alma hermosa, estamos llegando al final de estos ocho secretos de sanación. Mientras avanzas al segundo pilar, recuerda que eres un ser infinito, capaz de transformar cualquier experiencia en una oportunidad para el crecimiento y la evolución. No hay nada que deba ser borrado de ti, porque cada paso que has dado te ha llevado hasta aquí. Te has convertido en lo que tenías que ser, y lejos de descubrir una obra terminada, puede que hayas comenzado a ver la magia de tu proceso personal. Asegúrate de mirar cada etapa con gratitud, ya que esta es capaz de transformar el plomo del sufrimiento en puro oro.

Nuevas oportunidades comienzan a aparecer en tu vida cuando aprendes a apreciar lo que ya tienes, lo que has aprendido en cada paso y, sobre todo, quién realmente eres. Es por esto que sanar es el pilar anterior a reclamar tu poder. Haber atravesado este primer escalón no quiere decir que esto sea un cierre, sino todo lo contrario: es un inicio para ti, un proceso mágico que se despliega a lo largo de toda una vida. Tu esencia es ilimitada y cada paso que das es una llave que abre nuevas puertas en tu vida.

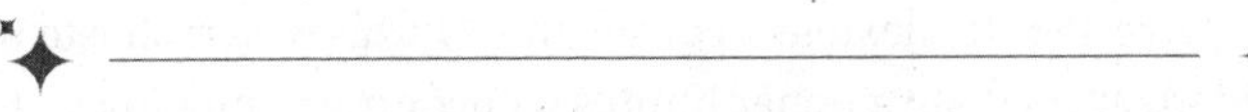

## LLAVES DEL SECRETO

- ✦ Todo desafío tiene el potencial de transformarse en fortaleza.
- ✦ La verdadera bondad nace de la fortaleza, no de la debilidad.
- ✦ Tus heridas te dan el poder de la empatía y la comprensión profunda.
- ✦ Elegir el amor requiere más valentía que responder con la misma moneda.

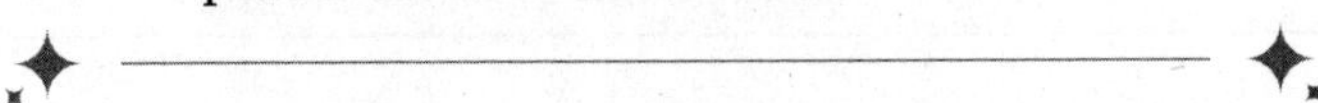

## ACTIVACIÓN DEL SECRETO

*Es momento de integrar esta sabiduría en tu experiencia.*

1. Piensa en una experiencia de tu vida que haya sido desafiante. Un momento en el que tuviste que recurrir a tus ideas, a la ayuda de alguien, o tuviste que probar algo diferente para lograr un resultado positivo. Por ejemplo, una vez que tuviste que estudiar sin descanso para un examen muy importante. Si te prestas atención, notarás que en el ejemplo no estoy yendo a algo extremadamente

difícil. Comienza con situaciones desafiantes, pero que no hayan implicado tanto sufrimiento.

____________________________________________________________

____________________________________________________________

____________________________________________________________

2. Pregúntate: «¿Qué poder me dio esta experiencia?». Tal vez te hizo más resiliente, flexible o consciente. Quizás desarrollaste una habilidad, aprendiste a poner límites o encontraste una nueva forma de afrontar la vida. Tal vez descubriste que cuando te propones algo, lo logras. Deja que aparezca el aprendizaje que trajo esa situación. Pregúntate en qué te fortaleció eso que viviste. ¿Qué entendimiento o herramientas te dio? Puede que ahora tengas mayor claridad, más confianza en ti mismo o una capacidad que antes no reconocías.

____________________________________________________________

____________________________________________________________

____________________________________________________________

No te apresures. Cada experiencia lleva consigo un regalo, una parte de ti esperando ser reconocida. Cuando te permites mirar tu historia con amor, descubres que aquello que creías una carga puede transformarse en tu mayor fortaleza. No viniste a este mundo a ser perfecta, alma hermosa. Viniste a ser real y a abrazar todo lo que eso significa.

*Cada vez que transformas una experiencia dolorosa en sabiduría, tu luz interior brilla con más fuerza.*

Lleva estos secretos en tu corazón. Junto con los secretos para reclamar tu poder, tienen el poder de guiarte en los momentos de oscuridad y de potenciar los momentos de luz. Recuerda, alma hermosa, que eres merecedora de lo que sueñas y que cada paso que has das es en sí mismo un destino. No se trata de llegar al final, sino de vivir las diferentes etapas de tu existencia.

Gracias por ser quien eres y por tener la valentía de transformar el sufrimiento en poder que cambia vidas, comenzando por la tuya. Recuerda que puedes volver a estos secretos cada vez que los necesites.

Te dejo en las mejores manos, en las de la persona indicada para guiarte a reclamar tu poder personal.

Lluvia de bendiciones y muchísimo amor.

Emma

MENSAJE
DEL UNIVERSO
En esta etapa de tu vida no debes juzgar tu historia. Te ves con ojos de *alquimista que transforma* en oro hasta la peor situación.
@aletumentora
@gurudelacalma

# SECRETOS PARA RECLAMAR TU PODER

Ahora que has atravesado el primer tercio de este proceso, estás *ready* para comenzar a reclamar tu poder sin vergüenza y sin culpa. ¡Te estaba esperando! Confío en que hayas disfrutado mucho del capítulo anterior de la mano de Emma. Ahora, estamos tú y yo, en esta siguiente etapa, para ir, de forma concisa y directa, a hacer arder tu fuego interior.

¿Alguna vez te has sentido impotente ante las circunstancias de la vida? ¿Como si no tuvieras control sobre tu destino y estuvieras a merced de fuerzas externas? Si es así, no eres la única persona, alma hermosa. Muchas personas luchan con sentimientos de falta de poder y control en sus vidas; yo también lo atravesé. Pero la verdad es que tienes más poder del que crees: el poder de elegir cómo respondes a las situaciones, el poder de dar forma a tu realidad con tus pensamientos y acciones, y el poder de reclamar tu verdadero poder interior e ir por lo que mereces.

En este capítulo compartiré contigo mis secretos más poderosos para reclamar tu poder personal, un paso *clave* para convertirte en una persona creadora de su propia

> El poder personal no viene del mundo externo: es una manifestación vívida del dominio de ti.
>
> Ale

vida. A través de mis experiencias superando desafíos y transformando mi realidad, he aprendido estrategias efectivas para cultivar la confianza en mí misma, para establecer límites saludables de forma asertiva y para alinear mis acciones con mis verdaderos deseos. Nada más y nada menos que eso es lo que voy a compartir contigo.

Reclamar tu poder no se trata de controlar a los demás o de forzar las situaciones a tu voluntad. Se trata de tomar responsabilidad por tu propia vida, tus elecciones y tus reacciones; de hacer que las cosas pasen; de conectarte con tu fuerza interior y confiar en tu capacidad para manejar lo que sea que la vida te presente. Y sí, haciendo esto, comienzas en cierto modo a controlar el exterior.

El poder personal no viene del mundo externo: es una manifestación vívida del dominio de ti. Entre más poder interno tengas, más lo proyectarás en el mundo material. Como dijo el filósofo estoico Epicteto, «no se trata de lo que te sucede, sino de cómo reaccionas a ello». Al cultivar la maestría de tus pensamientos, emociones y respuestas, te conviertes en arquitecto de tu propia realidad. No eres una víctima de las circunstancias, sino un creador consciente que moldea su destino con cada elección.

A medida que leas estos secretos, te reto a que te cuestiones cualquier creencia o patrón que te haya mantenido sintiéndote impotente o en un estado de estancamiento. Abraza tu capacidad para crear cambios y da pasos firmes hacia la vida que deseas. Recuerda, alma hermosa: tu poder está siempre presente, esperando que lo reclames. Todo lo que necesitas hacer es dar un paso adelante con fe y determinación.

Con cada secreto, te guiaré a través de ejercicios transformadores y cambios de perspectiva que te permitirán acceder a reservas cada vez más profundas de fortaleza interior que albergas dentro de ti y quizás no lo sabías.

Recuerdo un momento en mi vida en el que me sentía estancada y sin poder en mi carrera. Me sentía perdida y triste, pero algo en el fondo de mí sabía que estaba para algo más grande. En lugar de seguir culpando a las circunstancias o a otras personas, decidí asumir la responsabilidad de mi situación. Comencé a enfocarme en lo que podía controlar: mi actitud, mis habilidades y mis acciones. Paso a paso, a medida que fui desarrollando mi poder personal, nuevas oportunidades comenzaron a aparecer. Aprendí que, al tomar las riendas de mi vida, podía crear los cambios que tanto buscaba y alcanzar mis metas.

Esto significa creer que tienes influencia sobre los resultados de tu vida. Al asumir la responsabilidad de tus experiencias y resultados, dejas de ser un peón a merced de las circunstancias y te conviertes en la mente maestra estratega de tu propio juego.

Estás a punto de embarcarte en el segundo pilar de este viaje para recuperar tu poder innato y reclamar tu derecho de nacimiento como alma creadora de tu propio destino.

Reclamar tu poder personal es un acto de valentía y autodeterminación. Requiere enfrentar tus miedos, desafiar tus creencias limitantes y abrazar tu auténtico potencial. No siempre será fácil, pero te aseguro que cada paso que das hacia tu empoderamiento te revelará una fortaleza y una capacidad que quizás no sabías que poseías. Alma hermosa, es hora de que reclames tu lugar como cocreadora de tu realidad y comiences a vivir la vida extraordinaria que mereces. Prepárate para un viaje transformador que cambiará tu relación contigo misma y con el mundo que te rodea.

Antes de sumergirnos en los secretos para reclamar tu poder, te invito a reflexionar sobre tu viaje hasta este punto.

¿En qué áreas de tu vida has sentido más empoderamiento, alma hermosa? ¿En qué aspectos te gustaría tener más control y confianza? Tómate un momento para establecer una intención clara para este capítulo. Quizás sea «A partir de hoy me comprometo a abrazar mi poder interior y a tomar las decisiones que me llevan adonde quiero estar» o «Me comprometo a enfrentar mis miedos y a crear la vida que deseo». Mantén esta intención en mente a medida que avancemos, y permite que guíe tus acciones y tu enfoque.

> Es hora de que comiences a vivir la vida extraordinaria que mereces.
>
> Ale

*¿Ready?* ¡Vamos con todo a seguir brillando, que esto apenas comienza!

## ✦ Secreto 9 ✦

# NO CONFÍES CIEGAMENTE EN TUS AMIGOS Y FAMILIA

Alma hermosa, en este secreto te hablaré de la importancia de ser una persona estratégica al elegir en quién confiar, a quién acercarte para recibir apoyo y orientación en tu camino hacia el poder personal. Aunque puede parecer contrario a la intuición, a menudo es más sabio ser cauteloso y no depender demasiado de amigos y familiares.

Los amigos y la familia pueden tener las mejores intenciones, pero sus propios miedos, inseguridades y envidias ocultas pueden, consciente o inconscientemente, sabotear tu crecimiento y éxito. A veces, las personas más cercanas a ti son las que más dificultades tienen para aceptar tu progreso y cambio.

Desarrolla tu intuición para discernir en quién confiar. Presta atención a las señales sutiles, como la energía o la comunicación no verbal de una persona. Hay quienes te quieren ver bien, pero no mejor que ellos.

En mi propia experiencia, aprendí de la manera más dura que no siempre puedes confiar ciegamente en los cercanos a ti, especialmente cuando se trata de tus metas y sueños.

Recuerdo una época en la que sufría constantes ataques de ansiedad, vivía agobiada y con frecuentes dolores de cabeza. Durante ese tiempo oscuro me enfoqué intensamente en mi crecimiento personal sin saber lo que el futuro me deparaba.

Mi padre, un hombre sabio, solía decir que de vez en cuando ponía a prueba a las personas cercanas. No lo hacía para nada de forma maliciosa, sino como un ejercicio de discernimiento. Por ejemplo, en ocasiones mencionaba que necesitaba un favor por alguna emergencia, aun cuando en realidad tenía todo lo que necesitaba para resolverla. Su objetivo no era engañar, sino ver quién estaba dispuesto a ayudar desinteresadamente. Mi padre siempre ha sido una gran persona a la que puedes acudir cuando necesitas algo. Para él, era una forma de ir descartando y asegurarse de tener a su alrededor a gente que estuviera allí por las razones correctas.

> En los momentos difíciles se revela quién está contigo y quién está en tu contra.
> Ale

En ese periodo de oscuridad interior enfrenté una dolorosa traición de personas en quienes confiaba profundamente y a las que incluso defendí a capa y espada. Esta amarga experiencia me enseñó que a veces es necesario dejar atrás ciertas cosas y personas para poder avanzar y buscar algo mejor. Les deseo lo mejor, porque gracias a esa dura lección pude florecer y convertirme en quien soy hoy.

Algo que aprendí de esta experiencia es a nunca retomar una relación con alguien que haya intentado dañar tu reputación, tu economía, tus sueños o tus relaciones. Una víbora solo cambia de piel para convertirse en una más grande (y sí, aplica para todo tipo de relaciones). Esta fue una lección difícil pero valiosa sobre la importancia de ser una persona selectiva al compartir información sensible, incluso con quienes consideras cercanos.

> ### El síndrome del cangrejo
>
> *Un hombre paseaba por la playa y vio a un pescador que había recogido varios cangrejos y los había puesto en un balde. El hombre se acercó al pescador y vio que el balde no tenía tapa. Curioso, le preguntó al pescador:*
>
> *—Disculpe, ¿no le preocupa que los cangrejos se escapen del balde sin una tapa?*
>
> *El pescador sonrió y respondió:*
>
> *—No, no necesito una tapa. Verá, cuando un cangrejo intenta salir del balde, los otros cangrejos lo agarran y lo arrastran de vuelta hacia abajo. Ninguno de ellos permitirá que otro cangrejo escape y se eleve por encima de ellos. Así que, en realidad, se mantienen cautivos unos a otros.*
>
> Parábola popular

Cuando las cosas van bien, muchos quieren ser reconocidos como parte de tu éxito, reclamando su participación o contribución en lo que has logrado. En cambio, cuando las cosas salen mal o hay un fracaso, esas mismas personas pueden llegar a distanciarse, dejando el fracaso sin que nadie lo reclame o asuma responsabilidad por él.

Cuando alcanzas tus metas y te pasan cosas buenas, algunos de tus seres queridos pueden sentirse amenazados o cuestionados. Tu éxito puede hacerles reflexionar sobre sus propias vidas y la falta de progreso hacia sus sueños, lo que puede generar celos o resentimiento, aunque en el fondo te quieran. No todos los que sonríen contigo se alegran por ti. A veces, los más cercanos a nosotros pueden ser los que más nos envidian y desean secretamente nuestro fracaso. No digo que siempre sea así, siempre habrá excepciones, pero sucede, y es más común de lo que piensas.

El secreto para lidiar con esto es ser selectivo con la información que compartes y con quién la compartes. No necesitas compartir todos tus sueños, metas y logros con todos en tu círculo. Tampoco necesitas ser la persona que salva a todos, alma hermosa. Reserva esas conversaciones para los que han demostrado ser verdaderamente solidarios contigo y que se alegran genuinamente por tu éxito. Espera que las cosas sucedan para que los hechos se cuenten por sí solos. Así evitarás cualquier tipo de saboteo o mala vibra que puedan enviarte.

Cuidado, esto no quiere decir que todos quieran desearte un mal. Quiere decir que la ingenuidad puede costarte *muy cara*. No todos actúan como lo harías tú. Que tú actúes con honestidad no quiere decir que todos vayan a hacerlo. Es como pretender que un tigre no te comerá por tú ser vegetariano, como decía Bruce Lee.

Desarrolla tu intuición para discernir en quién confiar. Presta atención a las señales sutiles, como la energía o la comunicación no verbal de una persona. ¿Sientes que hay congruencia entre sus palabras y sus acciones? ¿Su lenguaje corporal transmite apertura y sinceridad, o percibes resistencia y falta de autenticidad? Escucha a tu voz interior y confía en tus instintos. Tu intuición es una poderosa brújula que puede guiarte hacia relaciones sinceras y alejarte de las que podrían perjudicarte a la larga.

> El que confía en todos es tan necio como el que no confía en nadie.
>
> Proverbio árabe

Un ejercicio poderoso para fortalecer tu intuición es practicar la meditación diariamente. Siéntate en silencio, enfócate en tu respiración y observa los pensamientos y sensaciones que surgen, sin juzgarlos. Con el tiempo comenzarás a distinguir con mayor claridad entre la voz de tu intuición y las voces del miedo y la duda. A mí me sirve mucho ponerles nombres a esas voces e incluso personalidades. Te ayudará a que te sea más fácil reconocerles y mandarlas a la mierda cuando detectes que te hablan desde el miedo, dudas y carencia, pero ese es otro tema en el que después profundizaremos.

**Reflexiona sobre la confianza en tus relaciones**

Tómate un momento para explorar profundamente tus propios patrones y experiencias respondiendo estas preguntas:

- ✦ ¿En quién confías plenamente en tu vida y por qué?
- ✦ ¿Alguna vez has sentido que alguien cercano te haya saboteado sin querer (o queriendo)? ¿Qué aprendiste a partir de eso?
- ✦ ¿Qué señales observas en las personas que te indican si puedes confiar en ellas o no?

Al reflexionar sobre estas preguntas, puedes comenzar a identificar las cualidades que valoras en las relaciones confiables, así como las señales de alerta de las que pueden no tener tus mejores intereses en mente. Usa esta información para tomar decisiones sobre tus interacciones y fortalecer tu radar de confianza.

En tu vida diaria, practica el discernimiento al compartir tus planes y logros. Antes de revelar algo, pregúntate: «¿Esta persona ha demostrado ser verdaderamente solidaria con mi crecimiento? ¿Cómo ha respondido a mis éxitos en el pasado?». Si sientes alguna duda, es mejor guardar esa información para ti o para quienes sabes que te apoyarán incondicionalmente.

En el ámbito profesional, ten mucho cuidado con ayudar demasiado a los demás o incluso con trabajar con amigos y familiares. Aunque puede parecer una buena idea, puede traer complicaciones a largo plazo. En una relación laboral debe haber jerarquías y respeto por la autoridad, algo que puede ser difícil de mantener cuando se trata de amigos o familiares. Si las cosas no salen bien, podrías terminar siendo visto como el «malo» de la película, dañando no solo la relación laboral, sino también el vínculo personal que tanto te importa.

Si decides trabajar con amigos o familiares, establece expectativas y límites claros desde el principio. Definan roles, responsabilidades y protocolos de comunicación para mantener el profesionalismo y el respeto mutuo. Además, asegúrate de tener un plan de contingencia en caso de que la relación laboral no funcione, para minimizar el impacto en tu negocio y en tus relaciones personales.

Establece límites saludables con amigos y familiares. Esto implica aprender a decir «no» cuando es necesario y proteger tu tiempo y energía para enfocarte en tus metas y bienestar. Establecer límites no es un acto de egoísmo, sino de amor propio y respeto mutuo.

Cuando dependes menos de la aprobación y el apoyo de los demás, te vuelves menos vulnerable a su potencial negatividad o falta de apoyo. Celebra tus propios logros, valídate y mantén tu visión enfocada en tus metas, independientemente de las reacciones de los demás. No dejes que nadie te detenga o te haga sentir mal por tu crecimiento. Elige rodearte de personas que te alienten y te apoyen incondicionalmente, y sé tu mayor motivador.

> No siempre tendrás la oportunidad de defenderte cuando una persona cobarde habla mal de ti a tus espaldas. No te preocupes, el tiempo lo hará por ti.
>
> Ale

Ser una persona cautelosa no significa desconfiar de todos ni aislarse por completo. Es importante encontrar un equilibrio entre la precaución y la apertura a nuevas conexiones y oportunidades.

A veces, el mayor crecimiento y aprendizaje proviene de las decepciones y traiciones. Aunque estas experiencias sean dolorosas, tienen el poder de servir como catalizadores para fortalecer tu discernimiento y autoconfianza. Cada vez que te enfrentas a una situación en la que tu confianza es traicionada, tienes la oportunidad de aprender más sobre ti y sobre los demás. Usa estas experiencias como trampolines para afinar tu intuición, establecer límites más saludables y cultivar relaciones más auténticas y recíprocas.

Recuerda que, a pesar de los desafíos, es posible cultivar relaciones sanas y de apoyo mutuo. Sé el tipo de persona en la que otros puedan confiar y lidera con el ejemplo. Al hacerlo, podrás atraer y escoger sabiamente a personas afines que te apoyen genuinamente en tu camino.

## LLAVES DEL SECRETO

- ✦ No todas las buenas intenciones garantizan buenos resultados.
- ✦ El amor de tus amigos o familiares no siempre equivale a apoyo para tu crecimiento.
- ✦ La envidia puede ocultarse tras la preocupación y el «cuidado» o las bromas malintencionadas.
- ✦ Tu intuición es tu mejor consejera al elegir en quién confiar.

## ACTIVACIÓN DEL SECRETO

*Es momento de integrar esta sabiduría en tu experiencia.*

1. Enumera tres metas o sueños que hayas compartido recientemente. Al lado de cada uno, escribe (+) si recibiste apoyo genuino o (-) si sentiste dudas o desaliento. Por ejemplo, cuando hablaste sobre ese cambio que quieres hacer, ese curso que quieres tomar o ese sueño que quieres alcanzar.

______________________________________________

______________________________________________

______________________________________________

2. Describe una situación donde tu intuición te advirtió sobre alguien cercano y tenía razón. ¿Qué aprendiste de esa experiencia? Por ejemplo, cuando sentiste que esa persona no era sincera en su apoyo, o cuando algo te decía que no compartieras cierta información.

___

___

___

3. Escribe los nombres de las personas en quienes hoy en día puedes confiar plenamente para compartir tus sueños y metas. Este es tu círculo de confianza. Por ejemplo, quienes celebran genuinamente tus logros, te apoyan incluso cuando tropiezas o guardan tus confidencias.

___

___

___

*Cada vez que tu intuición te alerte sobre alguien y resulte acertada, palomea en esta página. Observa cómo tu discernimiento se fortalece con cada acierto.*

## MENSAJE DEL UNIVERSO

Fíjate en quién confías. El agua y el vinagre se ven igual, pero basta un trago para notar la diferencia. Estás construyendo desde tu visión más nítida: *hoy sabes a quién abrirle la puerta... y a quién no volver a dejar entrar.*

## ✦ Secreto 10 ✦

# CÁLLATE LA BOCA

«El pez muere por la boca, y el hombre por sus palabras», dice el proverbio. Uno de los secretos más valiosos para ejercer tu poder personal es dominar el arte de callarte la boca. Elegir con quién hablar es importante; entender con quién callar, mucho más. En un mundo donde todos parecen competir por ser escuchados, quienes dominan el silencio estratégico se destacan y proyectan una imagen de confianza, misterio y autoridad.

Recuerdo una época de mi vida en la que tuve que aprender a callarme la boca y escuchar más. Solía compartir abiertamente mis ideas y planes con quienes mostraran interés, creyendo ingenuamente en su aparente entusiasmo y apoyo. Sin embargo, pronto descubrí que algunos de ellos estaban utilizando esa información para obstaculizar mi progreso o para copiar mis ideas, movidos por sus propios celos e inseguridades. Aprendí por las malas, pagando un enorme precio, que el silencio estratégico es una herramienta poderosa para proteger tus sueños y mantener el control sobre tu propio viaje.

> Quien no aprende a callarse la boca termina siendo esclavo de sus palabras.
>
> Ale

Es necesario entender que callarse la boca no es algo malo, sino todo lo contrario. La esencia radica en entender que no siempre es necesario ni beneficioso compartir todo lo que sabes, piensas o planeas. Muchas personas ni siquiera van a comprender tu visión o lo que planeas. A veces, en lugar de apoyarte, preferirán criticarte o juzgarte. No gastes tu energía ni tu tiempo explicando tus planes a personas que carecen de la visión que tú tienes.

Alma hermosa, al ser una persona selectiva con tus palabras y con la información que revelas, te proteges de malas vibras, envidias y potenciales sabotajes. Hablar menos evita revelar información innecesaria e incluso que des espacio a dudar de ti por el simple hecho de que otros no crean en tu sueño o meta. No sientas la necesidad de explicarte constantemente o compartir cada detalle de tu vida. Deja que otros se pregunten y especulen; aumentará su interés en ti.

Cuando hables, hazlo con propósito. El verdadero poder no necesita anunciarse ni probarse ante nadie. Aprender a callarte la boca es algo que podrá ayudarte en todos los aspectos de tu vida, y es especialmente poderoso en las negociaciones.

Cuando te encuentres en una situación de negociación, resiste la tentación de llenar el silencio con palabras innecesarias. Muchas personas son alérgicas al silencio incómodo, al punto de que comienzan a regurgitar palabras tan solo para que no haya un vacío en la conversación. En lugar de hacer eso, aprovecha las pausas y permite que la otra parte hable primero siempre que sea posible. Esto te dará la ventaja de recopilar más información, evaluar su posición y tomar decisiones más informadas. También te permitirá escuchar a la otra parte y conocer su punto y sus intereses, favoreciendo la llegada a un acuerdo.

A menudo, quien habla primero termina por revelar más de lo que pretende. En una ocasión, estaba negociando un contrato importante con un cliente. En lugar de apresurarme a presentar mi propuesta, hice lo que suelo hacer: me tomé un momento para hacer preguntas estratégicas y escuchar atentamente sus respuestas. Al permitirle hablar, obtuve información valiosa sobre sus necesidades y preocupaciones, lo que me permitió adaptar mi oferta de manera más efectiva. Esas pausas estratégicas pueden marcar la diferencia entre cerrar un trato y perderlo, entre obtener lo que quieres y terminar recibiendo algo que no te sirve. Sobre todo, te permite reconocer las prioridades para brindar soluciones y alternativas.

Las negociaciones no solo se aplican al mundo de los negocios. De hecho, estamos negociando constantemente con nuestro círculo íntimo. Lo haces con tu pareja, al decidir el futuro de la relación o establecer planes. Con tu familia, al manejar límites. Con amigos cercanos, y casi con toda persona con la que interactúas. En cada una de estas interacciones, muchas veces callarte la boca es lo mejor que puedes hacer en principio.

Recuerdo una situación con una «amiga» cercana que se ofreció a ayudarme con un proyecto importante. Al inicio, su entusiasmo parecía genuino y compartí abiertamente mis planes e ideas. Sin embargo, mi error fue hablar demasiado.

Pronto descubrí que ella estaba usando la información que le había confiado para crear su propia versión del proyecto, aprovechándose de mi apertura y confianza. Esta experiencia me enseñó una lección invaluable sobre el poder que tiene callarse la boca en el momento adecuado. Si hubiera practicado más la escucha estratégica y menos la revelación entusiasta, habría protegido mejor mi visión y mi trabajo. El problema es que, muchas veces, de quien menos desconfiamos es quien nos termina jodiendo. Te puedo asegurar que no le metes la mano en la boca a un cocodrilo, porque sabes que te va a morder, ¿verdad? Lo mismo nos pasa con las personas que nos rodean. Al no verlas como un potencial peligro, hablamos y hablamos sin ningún tipo de pudor hasta que es demasiado tarde y muestran quienes son realmente: lobos con piel de oveja.

Aprendí que callarse la boca en el momento adecuado no solo es poder, es protección. No todo el mundo merece acceso a tus ideas. Revelar demasiado, demasiado pronto, es invitar al sabotaje. Compartir sin criterio no es un acto de apertura, sino una forma de descuido. No se trata de desconfiar de todos, sino de reconocer que guardarte lo más valioso no te hace egoísta, te hace sabio. Tienes el poder de proteger tu visión con silencio selectivo.

Te comparto cuatro estrategias infalibles para aprender a callarte y dominar el arte del silencio estratégico. Callarte la boca nunca pudo ser tan útil:

**La regla 3-7-1**

- ✦ Espera tres segundos antes de responder.
- ✦ Cuenta hasta siete en conversaciones emocionales.
- ✦ Date un día completo *como mínimo* para tomar decisiones importantes.

**Registro de metidas de pata**

- ✦ Registra durante una semana cuándo hablaste de más.
- ✦ Anota qué te impulsó a revelar más información de la que hubieras querido.
- ✦ Identifica los patrones o situaciones que te hacen hablar innecesariamente.

Haz preguntas estratégicas cuando sea necesario, pero mantén tus propios planes en reserva hasta el momento adecuado. Cuida tus palabras, especialmente sobre tus metas y ambiciones.

Para aplicar este secreto, antes de hablar, pregúntate:

- ✦ ¿Es necesario compartir esta información?
- ✦ ¿Me beneficiará o perjudicará revelarla?

Si tienes dudas, opta por el silencio. Practica la escucha activa, permite que otros hablen y revelen información valiosa.

Otra estrategia infalible es hacer un «ayuno de palabras» diario. Elige una hora específica cada día para practicar el silencio intencional. Durante este tiempo, abstente de hablar a menos que sea absolutamente necesario. En vez de eso, enfócate en escuchar, observar y reflexionar. Este ejercicio te ayudará a desarrollar una mayor conciencia de tus patrones de comunicación y a fortalecer tu capacidad para usar el silencio de manera estratégica.

En un mundo lleno de ruido, saber callarse la boca en el momento adecuado es la clave para destacar, proteger tu energía y alcanzar tus metas.

Así que ya sabes...

¿Vas a emprender? Cállate. Guarda silencio.

¿Estás comenzando en tu trabajo soñado? Cállate. Guarda silencio.

¿Vas a comprar esa casa que tanto querías? Cállate. Guarda silencio.

¿Por fin harás ese viaje? Cállate. Guarda silencio.

Muchos de nuestros sueños se desvanecen no por falta de esfuerzo, sino por exceso de palabras. La envidia es más letal que cualquier veneno. Por eso, cállate la boca y deja que tus éxitos hablen por sí solos en el momento preciso.

Entre menos sepan de tu próxima jugada, mejor; sigue brillando y, como ya sabes, permite que tu éxito hable por

### La serpiente y la sierra

*Una vez, una serpiente entró a un taller de carpintería. Al deslizarse, pasó por encima de una sierra y sufrió una leve herida. Furiosa, la serpiente regresó y mordió a la sierra, y al hacerlo se lastimó toda la boca y sangró. Entonces, sin entender lo que sentía ni lo que sucedía, decidió rodearla para sofocarla con su cuerpo y la apretó con todas sus fuerzas. Así, la serpiente terminó haciéndose a sí misma daños irreversibles que, de hecho, le costaron la vida.*

*Moraleja: En la vida, a veces es mejor ignorar situaciones y comportamientos, y hasta palabras, porque entre más vueltas le das, más te puede lastimar una situación. Puede llegar a costarte la felicidad, la salud, o incluso la vida. Elige bien tus batallas: no todas valen tu tiempo y energía.*

Fábula popular

ti. Así que domina el poder de callarte la boca, habla menos y escucha más. Permite que tu verdadero potencial se revele a través de tus logros, no de tus promesas o palabras.

Y repito: a veces no es la envidia lo que te traba, sino compartir tus sueños con alguien que no cree que sea posible o valioso lo que tú quieres lograr.

Recuerda: el verdadero poder no necesita proclamarse ni ser puesto a prueba. Como el león que no necesita anunciar que es el rey de la selva, tus acciones y tu presencia silenciosa hablan más fuerte que cualquier palabra. Deja que otros llenen el aire con palabras mientras tú construyes tu imperio en silencio.

## LLAVES DEL SECRETO

- ✦ Callarse es una forma de ejercer tu poder.
- ✦ No todos merecen conocer tus planes y sueños.
- ✦ La discreción protege tus proyectos en desarrollo.
- ✦ Escuchar más y hablar menos te da ventaja en la vida.

## ACTIVACIÓN DEL SECRETO

*Es momento de integrar esta sabiduría en tu experiencia.*

1. De tus proyectos actuales, identifica los tres más importantes. Al lado de cada uno, palomea si lo has mantenido en silencio o marca con una equis si lo has compartido demasiado. ¿Qué patrón observas? Por ejemplo, ese cambio que quieres hacer en tu vida, ese hábito que estás construyendo o ese sueño que deseas.

___

___

___

2. Escribe una situación reciente donde el silencio te haya dado poder o donde hablar te haya quitado ventaja. ¿Qué aprendiste de esa experiencia? Por ejemplo, cuando guardaste silencio ante una crítica y eso te hizo más fuerte, o cuando compartiste una idea antes de tiempo y perdió su magia.

________________________________________________

________________________________________________

________________________________________________

3. Elige un sueño o meta que tengas ahora. Escribe tres razones poderosas por las que mantendrás ese sueño en silencio mientras trabajas en él. Por ejemplo, para proteger tu motivación de opiniones negativas, para mantener tu energía enfocada o para evitar la presión de las expectativas ajenas.

________________________________________________

________________________________________________

________________________________________________

*Tu poder crece con cada secreto que proteges. Observa cómo te sientes más fuerte al mantener tus planes en silencio.*

**MENSAJE DEL UNIVERSO**

No todo lo que nace
en ti está listo para ser
compartido. *La abundancia
también te protege en
silencio*. Hoy se te recuerda
que *hay poder en lo
que callas.*

## ✦ Secreto 11 ✦

# PROTEGE TU PAZ A TODA COSTA

En el camino hacia el poder personal, es absolutamente fundamental elegir sabiamente a las personas que te rodean y las influencias que permites en tu vida.

Así como un virus puede infectar silenciosamente tu cuerpo y debilitarte desde adentro, las personas con mala energía pueden infiltrarse en tu vida y sabotear tu potencial sin que te des cuenta de ello. Estas personas son como vampiros energéticos: se alimentan de tu vitalidad y tu positividad. Su negatividad o, en algunos casos, su envidia son altamente contagiosas y pueden envenenar tu propio campo energético antes de que te des cuenta.

En mi propio viaje aprendí esta lección de la manera más dura. Hubo una época en la que permití que una persona que estimaba se acercara demasiado a mí con su actitud negativa y demandante. Era como una obra de teatro en *boo-*

*merang*: la conversación podía cambiar de tema, pero siempre acababa buscando que sintiéramos lástima, exigiendo cada vez más tiempo y energía. Era como un pozo sin fondo.

> Ayudar a alguien que no quiere ser ayudado es como tratar de llenar un vaso con un agujero en el fondo: un esfuerzo inútil y agotador.
>
> Ale

Después de cada interacción me sentía como si hubiera corrido una maratón debido al desgaste emocional que me generaba. Mi cabeza se nublaba y mi cuerpo se sentía agotado. Pero en mi afán por ayudar seguía intentando ser su salvadora, sin reconocer que esta persona estaba absorbiendo toda mi energía vital. Cuanto más me esforzaba yo en apoyarla, más me apuñalaba ella por la espalda, esparciendo rumores maliciosos, saboteando mis negocios y tratando de manchar mi reputación sin que yo lo supiera.

Finalmente comprendí una verdad fundamental: no puedes ayudar a alguien que no quiere ser ayudado. Intentarlo es como tratar de llenar un vaso con un agujero en el fondo: un esfuerzo inútil y agotador. Comprendí, de la manera más dura, la importancia de priorizar mi propio bienestar energético.

Hay gente a la que simplemente nada le viene bien. Y es que, como decía Séneca, «ningún viento es favorable para el que no sabe adónde va».

A pesar del dolor que esa experiencia me causó, hoy elijo recordar a esta persona con compasión. Le deseo luz y amor en su camino, reconociendo que su comportamiento era un reflejo de su propia miseria y lucha interna. Estoy

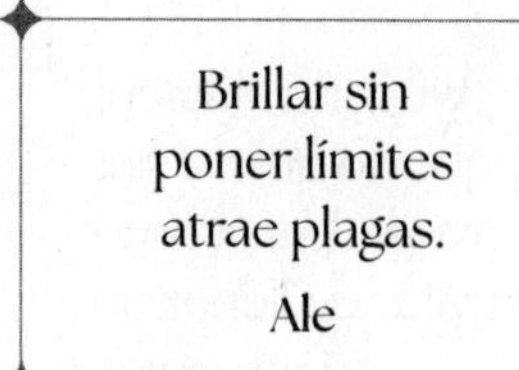


agradecida por la lección que me enseñó, porque me hizo más fuerte, más sabia y más comprometida con mi propio bienestar y crecimiento.

Esta experiencia me enseñó a reconocer las señales de advertencia de los vampiros energéticos. Si después de interactuar con alguien sientes agotamiento, ansiedad o desánimo, presta atención, en especial si esto sucede constantemente. Tu cuerpo y tus emociones son indicadores poderosos de la energía de una persona.

Otras señales de los vampiros energéticos:

- Constantemente se quejan y ven lo negativo en todo.
- Critican y juzgan a los demás de manera despectiva.
- Te involucran en su drama y negatividad, alejándote de tus metas.
- No se alegran cuando te pasan cosas buenas.
- Descartan tus sueños y te desaniman de perseguir lo que te apasiona.

Una vez que hayas identificado a una persona con mala energía, es fundamental establecer límites claros y firmes. Esto puede significar reducir el tiempo que pasas con ellos o, en casos extremos, cortar la relación por completo. Recuerda, no es tu responsabilidad arreglar o cambiar a otra persona. Tu principal responsabilidad es cuidar de tu propio bienestar y proteger tu energía.

Rodéate de aquellos que te eleven. Puedes ir más rápido a solas, pero posiblemente llegarás más lejos si vas con buena compañía. Cuando te rodeas de personas que tienen buena energía e intenciones, creas un efecto dominó de positividad en tu vida. Su energía te eleva, y a su vez, tú los elevas a ellos. Juntos se convierten en una fuerza imparable para el cambio y el crecimiento.

Para implementar este secreto, haz un inventario honesto de las personas con las que pasas más tiempo. ¿Sientes que te inspiran y elevan, o sientes que tu energía se drena y desanima después de estar con ellos? Si alguien constantemente te drena, es hora de establecer límites o distanciarte sutilmente. Al mismo tiempo, busca activamente cultivar relaciones con personas que te inspiren y te impulsen hacia tus metas y bienestar.

## Identificar y establecer límites con personas tóxicas

- ✦ Haz una lista de las personas en tu vida que consistentemente te drenan energía, te causan estrés o te involucran en dramas innecesarios.
- ✦ Al lado de cada nombre, anota específicamente cómo su presencia tiene un impacto

negativo en tu bienestar emocional, mental o incluso físico.

- Para cada persona, define un límite claro que quisieras establecer para minimizar su impacto tóxico sin generar conflicto. Esto podría ir desde limitar el tiempo que pasas con ella hasta, paso a paso, cortar el contacto por completo.
- Ensaya comunicar estos límites de una manera firme sin ir al conflicto. Recuerda: no estás iniciando una discusión, simplemente estás declarando lo que necesitas para tu propio bienestar.
- Comprométete a hacer valer estos límites consistentemente. No cedas a la manipulación o la culpa. Tu paz mental y tu energía son demasiado valiosas para sacrificarlas.

Elige con mucho cuidado a quiénes permites en tu círculo íntimo. Rodéate de aquellos que te inspiren a ser la mejor versión de ti y que te impulsen hacia la grandeza.

Proteger tu energía no se trata de juzgar a otros, sino de tomar responsabilidad por tu propio bienestar. A medida que fortalezcas tu campo energético, atraerás naturalmente a personas y situaciones que resuenen con tu alta frecuencia. Así que sé valiente, alma hermosa, y libérate sin miedo de las influencias y energías negativas. Rodéate de personas que aviven tu fuego interior y te inspiren a brillar con más intensidad que nunca. Tu energía es tu bien más preciado: protégela.

Tienes el poder de crear la realidad que deseas. Con cada elección alineada con tu bienestar, te acercas un paso más a la vida que mereces.

Protege tu energía, elige conscientemente, y prepárate para presenciar cómo tu vida florece de maneras inimaginables. El mundo te necesita brillando en todo tu esplendor. Habrá muchos a quienes no les guste tu brillo y a los que les dará envidia, pero que te valga madres. No necesitas hacerte menos solo para que otros sean felices. Y a quien no le guste tu brillo, que se ponga lentes de sol.

### El zorro y el cuervo

*Un zorro, conocido por su astucia, veía a un cuervo posado en una rama alta sosteniendo un pedazo de queso en el pico. Con la intención de conseguir el queso, decidió halagar al cuervo.*

*—¡Qué bello eres, cuervo! Tus plumas son muy brillantes y tu porte, majestuoso. Estoy seguro de que tu canto debe de ser tan maravilloso como tu apariencia. ¿Podrías deleitarme con una canción?*

*El cuervo, halagado y ansioso por mostrar su talento, abrió el pico para cantar y dejó caer el queso. El zorro rápidamente lo atrapó y se lo comió.*

*Moraleja: No te dejes engañar por halagos y palabras bonitas. Sé consciente de las intenciones de los demás y protege lo que es valioso para ti.*

Fabula de Esopo

Reclama tu poder y crea la vida mágica que mereces. Es tu derecho divino.

## LLAVES DEL SECRETO

- ✦ Tu energía es tu recurso más valioso.
- ✦ La negatividad constante de otros es contagiosa.
- ✦ No todas las personas merecen acceso ilimitado a tu energía.
- ✦ Mantener límites saludables es una forma de poder personal.

## ACTIVACIÓN DEL SECRETO

*Es momento de integrar esta sabiduría en tu experiencia.*

1. Después de interactuar con diferentes personas hoy, marca con (+) los nombres de las que te energizan y con (-) los de las que te drenan. ¿Qué patrón notas? Por ejemplo, esa amiga que siempre te inspira versus ese conocido que solo habla de problemas.

______________________________________________

______________________________________________

______________________________________________

2. Identifica una relación que esté consumiendo tu energía. ¿Qué límite específico puedes establecer hoy mismo para proteger tu poder? Por ejemplo, no responder mensajes fuera de horario, reducir el tiempo que dedicas a escuchar quejas o limitar las salidas que te agotan.

____________________________________________________________

____________________________________________________________

____________________________________________________________

3. Escribe tres actividades o personas que nutren tu energía y comprométete a darles más espacio en tu vida. Por ejemplo, ese amigo que te hace reír, esa actividad que te hace perder la noción del tiempo o ese lugar que te recarga.

____________________________________________________________

____________________________________________________________

____________________________________________________________

*Tu energía es poder. Cada límite que estableces es un acto de amor propio y un paso más para desbloquear el código de tu poder personal.*

## MENSAJE DEL UNIVERSO

Tienes el poder de escoger entornos y personas que te sostienen. En esta etapa estás dándote el espacio que mereces para prosperar. *Lo que no suma o no nutre queda afuera.*

## ✦ Secreto 12 ✦

# FINGE DEMENCIA

Alma, hermosa, el poder más potente es el que nadie ve venir. ¿Has notado cómo las personas más astutas de la historia a menudo fueron subestimadas? No es coincidencia. Fingir demencia es un arte que te permite moverte bajo el radar mientras construyes tu imperio en silencio.

Cuando alguien te provoca y explotas, les estás dando exactamente lo que quieren. Tu explosión es su victoria; ahora saben qué botones presionar para controlarte. La verdadera estrategia está en mantenerlos confundidos sobre tus límites.

Cuando finges no entender, activas un principio psicológico fascinante: las personas bajan la guardia, revelan sus intenciones y, lo mejor de todo, subestiman tu capacidad. Nadie sospecha del que parece perdido o no darse cuenta.

Cuando era ejecutiva descubrí este secreto por accidente. En cada reunión, mientras los egos chocaban por

> Lo que odian de ti es lo que les falta a ellos. Sigue brillando.
> Ale

demostrar quién era más inteligente, yo jugaba el papel de la novata curiosa. «Disculpen, ¿podrían explicarme mejor esa estrategia?», preguntaba con aparente inocencia. Mis colegas, ansiosos por demostrar su superioridad, revelaban información clave sin darse cuenta. Mientras ellos competían por los reflectores, yo recopilaba datos, entendía las dinámicas de poder y, sobre todo, identificaba quién estaba realmente de mi lado y quién esperaba mi caída.

Fingir demencia es tu escudo invisible en un mundo donde todos quieren destacar. Piénsalo: ¿cuántas veces has visto cómo destruyen al que sobresale demasiado?

¿Has notado cómo la gente se aleja del que siempre quiere demostrar ser el más inteligente? El conocimiento puede ser un imán para los problemas, sobre todo cuando sale a relucir cerca de personas inseguras. Con esto no quiero decir que no compartas tus ideas, sino que no las compartas buscando resaltar o destacar, esperando que de ahí solo vengan oportunidades.

Este secreto es especialmente poderoso cuando alguien intenta sabotearte. En lugar de entrar en una batalla directa de inteligencia, adopta la estrategia del agua: fluye, y no intentes demostrar tu fortaleza; no lo necesitas. Como dice el dicho, «el agua mansa es la que más hondo llega». En otras palabras, así como un río que se muestra tranquilo puede ser más profundo y poderoso de lo que aparenta, las personas que no hacen ruido, que observan y actúan con cautela, a menudo logran mayores avances que las que buscan llamar la atención a toda costa.

Es común subestimar a quienes no muestran agresividad o presumen de sus habilidades. Sin embargo, quienes avanzan en silencio, con constancia y estrategia, suelen llegar más lejos que los que se desgastan tratando de probar su valor a cada paso.

> Tu inteligencia es como una navaja: no necesitas mostrarla para saber que está afilada. El poder más difícil de derrocar es el que nadie ve venir.
>
> Ale

Toma un momento para pensar: ¿alguna vez te has metido en problemas por demostrar, indirectamente, que eras la persona más inteligente del lugar?

Al proceso de seguir este secreto le llamo el arte de fingir demencia. Aquí te comparto algunos secretos para dominarlo:

**En la oficina:**

- ✦ Si alguien quiere robarse el crédito de tu trabajo, déjalo. Los jefes listos suelen identificar quién hace realmente el trabajo.
- ✦ En las juntas toma notas como si todo fuera nuevo. La gente suelta información valiosa cuando cree que está enseñando. Sobre todo si siente que se está luciendo.

**Con la familia:**

- Si alguien critica cómo haces algo, respóndele con calma: «¡Qué interesante! Me encantaría ver cómo lo haces tú». De este modo mantienes la paz mientras dejas que esa persona sienta que tiene el control.
- Cuando alguien cuestione o critique tu vida, enfoca las preguntas con curiosidad genuina a la vida de esa persona. Mientras más hable de sí misma, menos energía e información tendrá para juzgarte.

**Con amigos tóxicos:**

- Cuando presuman sus logros buscando hacerte sentir menos, di «¡Qué increíble, te felicito!» y aléjate sutilmente. La mejor victoria es perderlos de vista.
- Si te enteras de que hablan mal de ti, no los confrontes si no es necesario. Una persona que habla de ti a tus espaldas no admitirá nunca su falta. Sonríe, sigue brillando y recuerda: la gente enfocada en construir su imperio no pierde el tiempo en destruir las palabras de envidia de otros: sabe que ya ellos se están destruyendo a sí mismos.

¿Sabías que cuando alguien habla mal de ti puedes transformar esa energía para elevar tu vibración y atraer más abundancia?

Lo que voy a compartirte es uno de mis trucos favoritos para convertir la negatividad en impulso, y, ojo, cuando lo dominas, los resultados llegan rápido. Desde que comencé a aplicarlo, cada vez que sabía o intuía que alguien hablaba mal de mí, en lugar de sentirme mal o afectada, ocurría todo lo contrario: mi vibración se elevaba... y la abundancia empezaba a fluir hacia mí. Esto no solo me ha pasado a mí. Lo he compartido con miles de personas y los resultados han sido sorprendentes.

Te digo cómo hacerlo. Cada vez que sepas que alguien habla de ti con mala intención, repite este decreto, en voz alta si estás a solas o mentalmente si estás en público:

«Cada vez que mi nombre es mencionado o que alguien habla de mí, la abundancia llega a mí. Cada vez que alguien piensa en mí, todo lo bueno llega a mí. Para mi más elevado bien y el de todos los involucrados».

Haz la prueba. Tu energía cambia de inmediato y la frustración o el enojo se convierten en otra cosa. De hecho, hasta puedes pensar: «¡Que hablen! Porque cada vez que lo hacen, la abundancia viene a mí». La energía no se destruye, y tú decides en qué se transforma.

Alma hermosa, la próxima vez que alguien malintencionado intente minimizarte o presumir sus logros, sonríe. Han caído en tu trampa más poderosa: creer que no eres amenaza.

A veces, la mayor ventaja está en no revelar todas tus cartas, tal como en la leyenda del caballo de Troya.

Según cuenta la historia, los griegos, tras años de intentos fallidos y sabiendo que no iban a poder ganar por la fuerza, decidieron probar una nueva técnica. Aparentaron retirarse y dejaron un monumental caballo de madera frente a la muralla de Troya. Los troyanos, convencidos por la historia de un griego que fingía haber sido abandonado, lo tomaron como una ofrenda para los dioses y lo aceptaron sin sospechas.

> Acepta a cada persona tal como es, pero ubícala en el lugar que le corresponde.
> Ale

Pero dentro del caballo no había triunfo... La verdadera acción vino después, en la noche, cuando ya nadie se lo esperaba. Había soldados escondidos dentro del caballo, que abrieron las puertas de la ciudad y dejaron entrar al resto del ejército griego. Esa misma noche, la impenetrable Troya fue conquistada desde adentro.

Este antiguo mito no habla solo de guerra, sino de estrategia: de saber cuándo avanzar sin hacer ruido. De no tener que anunciar tus planes antes de tiempo para asegurarte de que funcionen. A veces, lo más sabio es fingir demencia. Es dejar que piensen lo que quieran... hasta que llegue el momento de que tus acciones y logros hablen por sí solos. Los griegos no mintieron: dejaron que las ansias de victoria de sus contrincantes los llevaran a confundir una trampa con un trofeo.

El silencio no siempre es ausencia. Muchas veces es foco, astucia y preparación. La lección es clara: no necesitas levantar la voz para marcar una diferencia. A veces, dejar que te subestimen es tu jugada más estratégica... porque cuando menos lo esperan, actúas.

La verdadera maestría está en saber cuándo brillar y cuándo dejar que otros se luzcan. Como dice el dicho, «la mejor jugada es la que no se anuncia». Tu inteligencia es como una navaja: no necesitas mostrarla para saber que está afilada. El poder más difícil de derrocar es el que nadie ve venir. Mientras los demás gritan sus logros al mundo, tú construye tu imperio en silencio. Para ir cerrando este secreto, pregúntate: ¿qué podrías lograr si dejaras de preocuparte por demostrar lo inteligente que eres y empezaras a usar tu inteligencia estratégicamente?

Coco Chanel lo sabía bien. Mientras los diseñadores presumían sus creaciones complejas, ella se hacía la simple modista que solo quería ropa «cómoda». Resultado: revolucionó la moda mientras nadie lo veía venir.

Tu poder personal se multiplica cuando sabes que no necesitas demostrar nada a nadie. Deja que tu éxito hable por ti, pero solo cuando tú elijas el momento perfecto para revelarlo. A veces, la diferencia más grande la haces cuando nadie espera que hagas nada.

## LLAVES DEL SECRETO

- ✦ Ser subestimado puede ser tu mayor ventaja.
- ✦ El poder más grande es el que nadie ve venir.
- ✦ Los sabios ocultan su sabiduría tras la simplicidad.
- ✦ Quien menos revela, más ventaja tiene.

## ACTIVACIÓN DEL SECRETO

*Es momento de integrar esta sabiduría en tu experiencia.*

1. Piensa en la última vez que alguien intentó apagar tu brillo. ¿Qué hubiera pasado si, en lugar de defenderte, hubieras fingido demencia? Por ejemplo, cuando alguien criticó tu trabajo o minimizó tus logros, en vez de justificarte, simplemente sonreír y seguir avanzando.

________________________________________

________________________________________

________________________________________

2. Anota tres situaciones donde fingir demencia te hubiera dado ventaja o creado menos conflicto. Por ejemplo, cuando alguien intentó provocarte con comentarios, cuando quisieron que revelaras información sobre tus planes o cuando intentaron competir contigo.

________________________________________

________________________________________

________________________________________

3. Identifica un área de tu vida donde mostrarte menos «brillante» podría darte una ventaja estratégica. ¿Qué podrías ganar al jugar bajo el radar? Por ejemplo, dejar que otros subestimen tu capacidad mientras trabajas en silencio en tus metas, o no revelar todas tus habilidades en una nueva situación.

________________________________________

________________________________________

________________________________________

*Tu poder se multiplica cada vez que eliges la astucia sobre la reacción inmediata. La maestría está en que nadie sepa cuánto sabes.*

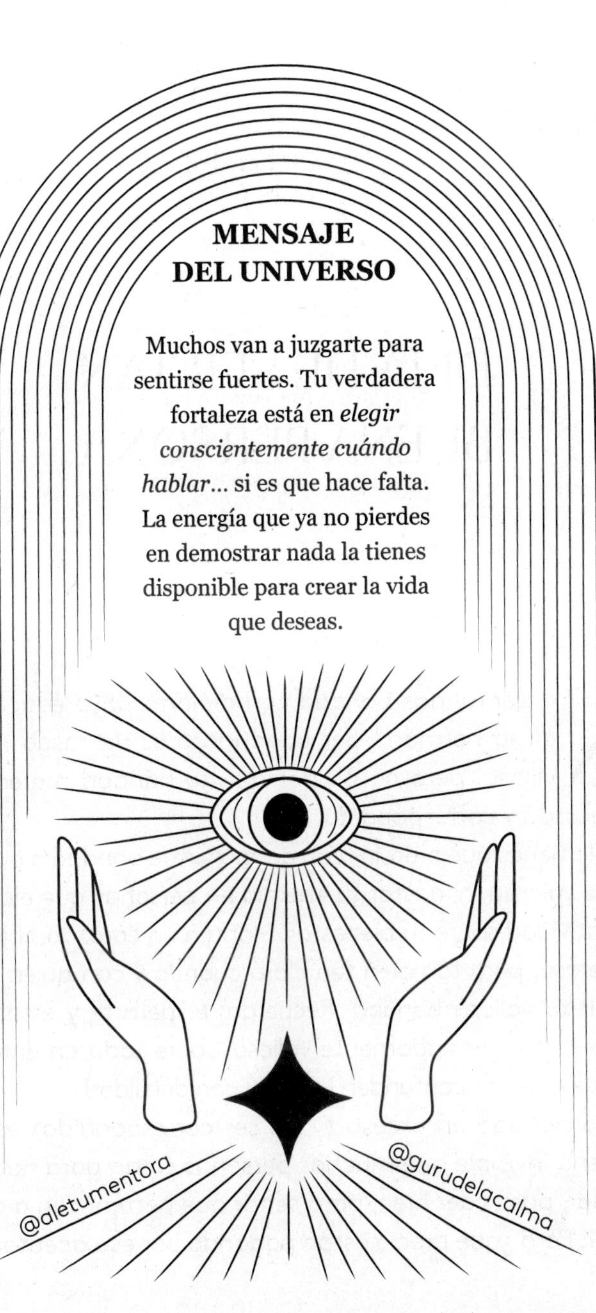
MENSAJE
DEL UNIVERSO
Muchos van a juzgarte para sentirse fuertes. Tu verdadera fortaleza está en *elegir conscientemente cuándo hablar*... si es que hace falta. La energía que ya no pierdes en demostrar nada la tienes disponible para crear la vida que deseas.
@aletumentora
@gurudelacalma

## ✦ Secreto 13 ✦

# DEJA DE SER TAN BUENA PERSONA

No confundas bondad con diplomacia o educación, alma hermosa. Ser bondadoso es un rasgo maravilloso, pero no olvides que tu bondad merece ser apreciada y correspondida.

No tienes que premiar con derroches de bondad a quienes no te valoran, ni gastar tu energía en personas que eligen la negatividad sobre tu bienestar. Mantén un corazón abierto y generoso, pero también ten claro cuándo y con quién compartir tu valiosa bondad. Recuerda: respetarte y establecer límites es extremadamente valioso, sobre todo en entornos donde muchos confunden bondad con debilidad.

La bondad en exceso (y sin ser correspondida) es una cadena invisible que muchas personas crean para no incomodar, para caer bien, para sentir que pertenecen a algún lugar. Pero ¿qué precio están pagando por esa aceptación?

Si miras de cerca, puede que estén sacrificando sus sueños, su tiempo, su energía o su autoridad… todo por un miedo inconsciente a decir «no».

> No confundas bondad con debilidad. El fuego da calor, pero quema a quien osa tocarlo.
>
> Ale

Yo estuve ahí. Por mucho tiempo me definí como una persona «bondadosa en exceso». Decía que sí a cualquier proyecto, aunque supiera que no tenía sentido para mí. Aceptaba tareas innecesarias para no contrariar. Creía que siendo siempre accesible, permisiva y mostrándome disponible, me ganaría el respeto de ese tipo de personas. No podía estar más equivocada. Lo que realmente estaba haciendo era cavar un hoyo para enterrar mi poder personal. Con el tiempo descubrí que no puedes hacer que una persona te ame o te respete dándole más de lo que no aprecia.

La primera vez que dije «no», sentí miedo. No sabía si poner límites iba a funcionar o hacer que todo se terminara de ir al carajo. Sentí que me desmoronaba, que estaba siendo egoísta, ingrata. Pero luego me di cuenta: de adulta, nadie va a cuidarte si tú no te cuidas primero. Mi vida cambió cuando finalmente descubrí que ser bondadoso no significa permitir que te manipulen o sobrepasen tus límites. Lejos de que todo se fuera por la borda, comenzó a mejorar. Aprendí a reconocer la importancia de mi tiempo, mi energía y mis sueños, recursos sagrados que necesitaban ser protegidos.

Aprendí que la verdadera bondad comienza con ser bueno contigo. Esto significa establecer límites saludables, priorizarte y decir «no» cuando algo no es saludable para ti. No se trata de ser egoísta o desconsiderado sino de reconocer que no puedes dar a beber de un vaso vacío. Al cuidar de ti y de tus necesidades, te aseguras de tener la energía y los recursos para ser genuinamente generosa con los demás desde un lugar de abundancia y verdadero amor.

La verdadera bondad implica encontrar un equilibrio entre la compasión y la asertividad. Significa ser una persona selectiva con tu tiempo, energía y recursos, y direccionarlos hacia las personas y causas que realmente importan. En lugar de decir «sí» a todo y a todos, decir «no» con gracia y firmeza cuando es necesario. Recuerda, cada vez que dices «sí» a algo que no te entusiasma o no te beneficia, estás diciendo «no» a tus prioridades y sueños.

> **El roble y el junco**
>
> *En un bosque, un roble alto y fuerte se jactaba de su firmeza ante un junco flexible.*
>
> *—Yo soy poderoso y resistente, mientras que tú te doblas con cada brisa —dijo el roble.*
>
> *Pero cuando llegó una feroz tormenta, el roble se partió, mientras que el junco se inclinó y sobrevivió.*
>
> *Moraleja: A veces, la flexibilidad y la adaptabilidad son la mejor forma de fortaleza.*
>
> Esopo

Piensa en esto: ¿a cuántas personas has complacido a costa de tus prioridades? Cada vez que dices «sí» por obligación, estás diciendo «no» a algo que realmente te importa. Ese evento al que no querías ir, ese favor que nunca tuviste tiempo de hacer, esa relación que sigues tolerando... todo eso es un peso que arrastras y que bloquea tu crecimiento.

Aprender a decir «no» es un acto de amor propio y también hacia los demás; porque cada vez que te comprometes con algo que no quieres, sueles hacer cuanto está a tu alcance para evitar llevarlo a cabo. A veces, hasta te enfermas.

Te comparto un decreto que te va a ayudar: «Mi tiempo y mis sueños son importantes. Mi bienestar es mi prioridad». Cuando estableces límites, no estás siendo mala persona; estás diciendo la verdad: no puedes dar lo mejor de ti a otros si no estás cuidando de ti primero.

Encontrar el equilibrio entre la amabilidad y la asertividad es un proceso importante de transitar. Reflexiona sobre tu propio patrón de bondad. ¿Alguna vez has dicho «sí» a una petición cuando realmente querías decir «no»? ¿Has sacrificado tus propias necesidades para complacer a otros o hacer lo que se espera de ti? ¿Has evitado expresar una opinión por miedo a lo que vayan a decir de ti?

Ahora imagina un escenario reciente en el que hayas sido excesivamente bondadosa, alma hermosa. ¿Cómo podrías haber manejado esa situación de una manera más equilibrada, honrando tanto tu compasión por los demás como tu respeto a ti misma? ¿Qué habrías dicho o hecho diferente? ¿Cómo habrías comunicado tus necesidades o preocupaciones de una manera clara y firme, pero aun así con gracia?

Toma nota de las ideas que surjan. La próxima vez que te encuentres en una situación similar, recuerda este equilibrio. Alma hermosa, puedes ser amable y considerada mientras estableces límites saludables y te mantienes fiel a ti.

Es clave distinguir entre bondad, educación y diplomacia. No confundas ser amable o bondadoso con tolerar el mal comportamiento, soportar faltas de respeto o ceder ante la mala educación. Si alguien habla mal de ti o te trata de forma injusta, no estás obligado a responder con exceso de bondad. Ese tipo de amabilidad mal dirigida puede hacerte ver débil y afectar tu autoestima. Quienes no te valoran genuinamente no merecen el privilegio de tu extrema bondad. Esto no significa que debas ser una persona grosera: significa que puedes ser una persona firme, respetuosa y clara, sin ofrecer un trato especial a quienes no lo merecen ni lo valoran. Dejar de ser tan bondadosa no es falta de educación, es respeto hacia ti.

A veces, en el afán por agradar y quedar bien con los demás se paga un precio demasiado alto. Si realmente deseas alcanzar tu máximo potencial y vivir una vida plena, es esencial que comiences por confiar en tu propio talento y en las ideas que surgen de tu mente brillante. No se trata de nunca ceder, sino de priorizarte a ti y tus necesidades.

Deja de preocuparte por lo que piensen los demás. Total, ellos no pagan tu estilo de vida, ni tus deudas. Libérate del peso de intentar complacer a todos y enfócate en ser fiel a ti. Habrá ocasiones en las que, sin intención, puedas ofender a algunas personas. Recuerda que no puedes controlar cómo reaccionan los demás, pero sí puedes elegir permanecer fiel a tus valores y a tu autenticidad. Con frecuencia, quien más se molesta por los límites que pones es quien más se beneficiaba de que antes no los pusieras.

Toma un momento para reflexionar sobre las situaciones en las que te cuesta decir «no». ¿Es cuando alguien te pide un favor que no deseas hacer? ¿Es cuando te invitan a un evento al que realmente no quieres asistir? ¿O quizás es cuando alguien te trata de manera irrespetuosa pero te sientes obligado a ser amable?

Identifica una situación reciente en la que hayas dicho «sí» cuando en realidad querías decir «no». Ahora imagina cómo podrías haber manejado esa situación de manera diferente. ¿Qué habrías dicho para expresar tu «no» de una manera asertiva pero amable? ¿Cómo te habrías sentido al establecer ese límite saludable sin ir al choque?

Prueba esto la próxima vez que te encuentres en esa posición. No respondas inmediatamente. Respira y pregúntate:

- ¿Esto me acerca a la vida que quiero?
- ¿Respeta mis límites y prioridades?
- ¿Qué mensaje transmito al decir «sí»?
- Aquí tienes algunas frases prácticas que puedes usar:
- «Oh, me encantaría, pero tengo un compromiso. Muchas gracias de todos modos por pensar en mí».

Otra opción muy buena es plantear opciones, alternativas, posibles soluciones que no impliquen que lo hagas tú. Esto te va a ser de gran ayuda. La solución puede ser una acción, una persona o incluso otro camino posible a tomar.

«No podría ayudarte, pero ¿has pensado en preguntarle a...?».

«Tal vez podrías...».

«Tengo un compromiso, ¿qué tal si lo dejamos para el viernes próximo?».

No necesitas justificarte ni dar excusas largas. Cada vez que acciones desde tu auténtico deseo, estarás más cerca de tu poder personal y fortalecerás relaciones sanas y, sobre todo, tu amor propio. A fin de cuentas, te sirve más tener personas que te aprecien, así sean contadas con los dedos de una mano, que tener miles de personas a las que no les importa tu bienestar.

Una vez que hayas puesto esto en práctica, reflexiona sobre tu experiencia. Pregúntate qué has aprendido sobre ti y tu capacidad para establecer límites saludables. Hazte la pregunta de cómo puedes seguir incorporando el poder del «no» estratégico en tu vida y escribe tus respuestas.

Recuerda, cada vez que dices «no» a algo que no te sirve o no te hace bien, estás diciendo «sí» a tu bienestar. Celebra cada «no» estratégico como un acto de amor propio y respeto hacia ti.

En tu camino hacia el poder personal, es fundamental que aprecies tu valor. Reconoce tus fortalezas, tus talentos y todo lo que te hace especial. Cuando te valoras a ti de manera genuina, te resulta más natural establecer límites saludables y no tolerar el maltrato de otros.

La bondad es una virtud, alma hermosa; pero no debe ser usada a expensas de tu propio bienestar y respeto. Cuando dejas de ser tan amable, no solo te proteges de aquellos que quieren aprovecharse de tu bondad, sino que también atraes a personas que valoran y corresponden tu amabilidad de manera auténtica. Haz un arte del proceso de hallar el equilibrio entre la amabilidad y la firmeza.

Además de aprender a decir «no», es importante comunicar tus propias necesidades y deseos de manera clara y directa. En lugar de esperar pasivamente a que los demás adivinen lo que necesitas, aprende a transmitir con confianza y respeto lo que quieres. Esto no solo te ayuda a obtener el apoyo y los recursos que necesitas, sino que también fomenta relaciones más honestas y equilibradas.

Alma hermosa, no te dejes engañar: la amabilidad no lo es todo. Es una herramienta y, como cualquier herramienta, debe usarse con sabiduría. Primero sé amable contigo. Protégete. Establece límites. No tengas miedo de decepcionar a los demás si eso significa mantener tu integridad y cuidar tu salud mental. Tu valor no está en cuántas veces dices «sí», sino en lo fiel que eres a ti misma.

Empieza hoy. Define tus prioridades, practica el «no» estratégico y observa cómo el mundo comienza a respetar más tu tiempo, tu energía y, sobre todo, tu esencia.

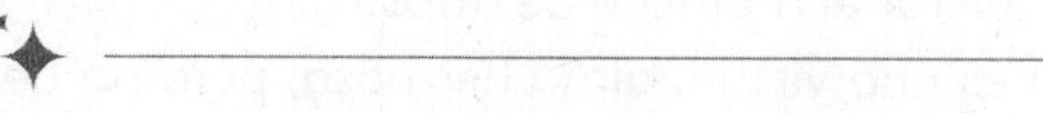

## LLAVES DEL SECRETO

- La amabilidad excesiva es una forma de autosabotaje.
- Decir «no» es proteger tu poder personal.
- Tu tiempo y tu energía son recursos sagrados.
- La verdadera amabilidad comienza siendo amable contigo mismo.

## ACTIVACIÓN DEL SECRETO

*Es momento de integrar esta sabiduría en tu experiencia.*

1. Identifica las tres últimas veces que dijiste «sí» cuando querías decir «no». ¿Qué perdiste con esa decisión? Por ejemplo, cuando aceptaste un compromiso que no querías o cuando te quedaste horas extra en el trabajo por no saber decir que no.

________________________________________________

________________________________________________

________________________________________________

2. Escribe un «no» poderoso que necesites decir esta semana y cómo lo expresarás con firmeza y gracia. Por ejemplo, «Me encantaría asistir, pero tengo un compromiso».

___

___

___

3. Identifica una situación específica donde serás más amable contigo hoy. Por ejemplo, tomar ese descanso que necesitas o poner ese límite que has estado postergando.

___

___

___

*Tu poder personal se activa cada vez que eliges honrar tus límites.*

## MENSAJE DEL UNIVERSO

En boca de un malintencionado, cualquier palabra se tuerce. Marcar límites claros protege tu energía. Avanzas sin miedo al juicio *y oportunidades impensadas se presentan ante ti* gracias a tu autenticidad.

## ✦ Secreto 14 ✦

# NO TE ENSUCIES LAS MANOS: EL KARMA ES LENTO PERO ELEGANTE

Sé exactamente lo que se siente ese fuego en el pecho cuando alguien te traiciona y parece salirse con la suya. Esa impotencia al ver que quien te hizo daño sigue por ahí, actuando como si nada. Las ganas de gritar la verdad, de exponer toda su mierda al mundo. De mostrarles a todos quién es realmente esa persona.

Lo sé porque he estado ahí, con el dedo temblando sobre el botón que podría destruir a alguien. Y te voy a contar algo que me pasó y que cambió completamente mi perspectiva sobre el poder de mantener mis manos limpias.

Te voy a compartir una historia que transformó mi perspectiva sobre la venganza, alma hermosa. Como probablemente te haya pasado, yo también confié en las personas

> No busques venganza: las máscaras mal puestas caen solas.
>
> Ale

equivocadas, también fui traicionada, y también aprendí que el karma tiene su propia forma de hacer justicia.

En los años sesenta había un exitoso empresario italiano llamado Ferruccio. Apasionado de los motores desde niño, era un fabricante de tractores que había construido su imperio desde cero. Cuando Ferruccio empezó a ganar dinero se compró varios Ferrari, que en esa época ya eran los autos más codiciados del mundo. ¿Y sabes por qué? Porque Enzo Ferrari, un expiloto de carreras, había creado un imperio automovilístico que era sinónimo de lujo y poder. Ferrari no era solo una marca de autos, era un símbolo de estatus, y Enzo lo sabía.

Ferruccio, el fabricante de tractores, empezó a notar que sus Ferraris tenían problemas constantes con el embrague. Y como él sabía de motores, identificó exactamente cuál era el problema. Así que hizo lo que cualquier cliente que pagó una fortuna haría: fue directamente a hablar con Enzo Ferrari.

¿Y sabes lo que hizo Ferrari? En lugar de escucharlo, lo miró con desprecio y le dijo: «¿Qué va a saber un fabricante de tractores sobre autos deportivos? Regrésate a tu granja y dedícate a tus tractores». *Boom*. Lo humilló públicamente.

Ahora, acá es donde la historia se pone buena. En lugar de armar un escándalo o intentar desprestigiar a Ferrari (que es lo que muchos harían), este empresario hizo algo brillante: decidió crear sus propios autos deportivos. Y no cualquier auto, sino máquinas que competirían directamente con Ferrari.

¿El *plot twist*? Este «simple fabricante de tractores» era Ferruccio Lamborghini. Sí, ese Lamborghini. Hoy su marca no solo compite con Ferrari: en muchos aspectos la supera. Y todo porque un tipo arrogante lo menospreció.

Esta historia me enseñó que la mejor venganza no es destruir al otro: es superarte tanto que ese sentimiento de injusticia, desprecio o lo que sea que puedas llegar a sentir se convierta en tu combustible para la grandeza. Lamborghini no perdió tiempo intentando hundir a Ferrari. En lugar de eso, canalizó esa humillación y energía en creatividad pura, direccionándola a construir su propio imperio.

Es curioso cómo el universo nos presenta las lecciones que necesitamos justo cuando las necesitamos. Poco después de conocer esta historia, viví mi propia versión de ella. Compartí una idea innovadora con quien consideraba mi mentor, uno de los tipos más influyentes de la industria. En menos de dos semanas, el tipo terminó lanzando *mi* proyecto con *su* nombre. Mientras todos lo alababan por ser tan «innovador», yo tenía todas las pruebas: correos, conversaciones, documentos fechados. Un *email* era suficiente para destruir su reputación. ¿Qué hice? Como Lamborghini, decidí canalizar esa energía en crear algo mejor. En su prisa por robar el crédito, lanzó el proyecto apresuradamente, sin tener todo listo. Su ejecución fue pobre, y eso hizo que con cada intento fallido, su reputación se erosionara naturalmente. Como resultado, tuvo que posponer la fecha de inicio del proyecto varias veces... y cuando finalmente inició, fracasó espectacularmente, porque su idea carecía de alma y propósito. Mientras tanto, yo me enfoqué en perfeccionar mis ideas y en seguir creciendo.

No es debilidad, es estrategia, porque nada queda oculto entre cielo y tierra.

La historia se repite una y otra vez. Estudia a los grandes estrategas y encontrarás un patrón: quienes buscan venganza inmediata suelen caer víctimas de su propia trampa. Los verdaderos maestros del poder saben que la paciencia es un arma más letal que cualquier ataque directo.

Esta es la primera trampa que debemos reconocer: el ego herido es un consejero terrible. Cuando actuamos desde el dolor, no importa cuán justificado parezca, nos convertimos en aquello que tanto despreciamos.

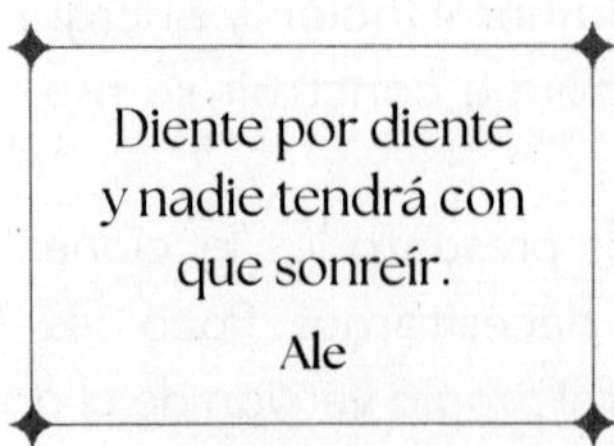


Te comparto tres leyes para ganar sin hablar que te cambiarán la vida.

1. **La ley del *timing* estratégico.** En la antigua China, los maestros estrategas enseñaban que el momento de atacar era tan importante como el ataque mismo. En el juego del poder, la paciencia no es pasividad, es estrategia. Mientras otros actúan impulsivamente, tú cultivas la capacidad de esperar el momento preciso.

2. **La ley del vacío.** Cuando no reaccionas ante una provocación, creas un vacío que el universo llenará naturalmente. Como el aire antes de una tormenta, el silencio estratégico genera una tensión que a la larga el provocador no podrá sostener. Para eso te compartí la importancia aprender a callarnos la boca y fingir demencia.

3. **La ley del poder.** Cada vez que eliges no reaccionar, acumulas poder. Como un depósito que se llena gota a gota, tu autocontrol se fortalece mientras el karma hace su trabajo. Los maestros zen lo sabían: el verdadero poder no está en la explosión, sino en la acción inteligente. Como decía Lao Tse, «el agua blanda vence a la roca».

Una herramienta sencilla para recuperar tu poder personal es la técnica del observador. Cuando sientas el impulso de venganza:

- ✦ Respira profundo tres veces.
- ✦ Pregúntate: «¿Vengar esto me acerca a mis metas? ¿Me acerca a la persona que quiero ser?».
- ✦ Realiza una acción que vaya en sintonía con el imperio que estás construyendo.
- ✦ Convierte la rabia en combustible. Cada vez que sientas ganas de venganza, usa esa energía para crear. La mejor venganza es el progreso imparable.

Existe una razón profunda por la que el karma opera con aparente lentitud: la distancia emocional es la madre de la claridad. Cuando estamos inmersos en el calor del momento, nuestra visión se nubla. Es como intentar ver el reflejo de la luna en un lago turbulento: solo cuando las aguas se calman, la imagen se vuelve clara.

Todo en la vida es una prueba de poder. Cuando alguien te traiciona, tienes dos opciones: reaccionar desde la rabia o responder desde el poder. La venganza te da un momento de satisfacción, pero no cae sin que luego la otra parte quiera hacer un nuevo ajuste de cuentas. La paciencia estratégica te ayuda a crear tu imperio.

La venganza te arrastra al nivel de quien te lastimó. El simple hecho de no devolver desde la reacción impulsiva te pone fuera de su alcance. Construye mientras otros destruyen. Cada minuto que gastas planeando venganza es energía robada a tu imperio.

Estas son cinco señales de que estás cayendo en la trampa de creer en la venzanga:

- ✦ Obsesión con planes de venganza.
- ✦ Pérdida de enfoque en tus metas.
- ✦ Drenaje constante de energía.
- ✦ Conversaciones repetitivas sobre el daño.
- ✦ Fantasías de «justicia» que te distraen.

No necesitas ensuciarte las manos. El karma es como un *boomerang*: todo vuelve. Mantén las manos limpias, el corazón puro y la vibración alta. Enfócate en brillar tan intensamente que la oscuridad de otros se disipe por sí sola.

Como dice un antiguo proverbio popular, «la maldad vuelve al remitente, la envidia a quien la siente, la mentira a quien la dice y el amor a quien lo ha dado».

No necesitas venganza. No necesitas probar nada. Todo encuentra tarde o temprano su camino de vuelta. Tu único trabajo es seguir creciendo, seguir brillando y confiar en que la vida se encargará del resto.

Quienes intentaron sabotearme se convirtieron involuntariamente en mis mejores maestros. Me enseñaron la diferencia entre reaccionar y responder, entre el poder temporal de la venganza y el poder eterno de la transformación.

La verdadera victoria no está en hacer caer a tu enemigo, sino en elevarte tanto que sus acciones ya no puedan alcanzarte. El karma, en su infinita elegancia, se encargará del resto. Como dijo el psicólogo y orador Wayne Dyer, «¿cómo puedes ensuciarte las manos cuando estás ocupado aplaudiendo la vida?».

El karma es lento pero elegante. Tu poder reside en tu capacidad de mantener la paz interior en medio del caos mientras la justicia divina restaura el equilibrio exterior a su ritmo.

## LLAVES DEL SECRETO

- Tu éxito es la mejor respuesta ante la traición.
- La paciencia estratégica es más poderosa que la reacción.
- La grandeza nace de canalizar la adversidad.
- Quien mantiene sus manos limpias mantiene su poder.

## ACTIVACIÓN DEL SECRETO

*Es momento de integrar esta sabiduría en tu experiencia.*

1. Describe una situación actual donde sientas el impulso de «hacer justicia». ¿Cómo podrías transformar esa energía en crecimiento personal? Por ejemplo, si alguien en el trabajo se llevó el crédito por tu idea anterior, en lugar de exponerlo podrías concentrarte en desarrollar ese nuevo proyecto que tu jefe acaba de darte solo a ti.

________________________________________

________________________________________

________________________________________

2. ¿Qué proyecto o meta podría nacer de este desafío, como Lamborghini hizo con Ferrari? Por ejemplo, si alguien copió tu emprendimiento, podrías crear una versión mejorada y única, o si te rechazaron en un trabajo, podrías iniciar tu propio negocio.

____________________________________________________________

____________________________________________________________

____________________________________________________________

3. Toma un momento para contemplar una vez en que la justicia divina haya actuado a tu favor sin que tuvieras que mover un dedo. Por ejemplo, cuando esa persona que te lastimó perdió al final todo lo que había ganado de manera deshonesta, o cuando el tiempo te mostró que ese rechazo fue en realidad una protección.

____________________________________________________________

____________________________________________________________

____________________________________________________________

*Cada vez que eliges elevarte por encima de la venganza, tu poder se multiplica.*

## MENSAJE DEL UNIVERSO

Tu fuego interno no está para reaccionar, sino para crear. Ideas, caminos y claridad están surgiendo. El karma hace su parte. Tú, la tuya. Hoy, la fuente te recuerda que *tu energía es sagrada*.

## ✦ Secreto 15 ✦

# ASEGÚRATE DE FRACASAR

Mira, te voy a contar algo que nadie te dice cuando habla de éxito: necesitas fracasar. No una ni dos, sino muchas veces. Y no hablo de fracasos pequeños, sino de esos que te hacen sentir que la cagaste tanto que no hay vuelta atrás. El éxito está detrás de innumerables intentos fallidos.

¿Quieres que te diga algo gracioso? La mayoría de la gente tiene tanto miedo al fracaso que construye una vida entera evitándolo. Se quedan en trabajos que odian, en relaciones que los marchitan, en una vida a medias. Todo por miedo a fracasar, al qué dirán, a quedarse solos. Aunque no lo creas, yo era una de esas personas.

Por años intenté llegar adonde sabía que estaba destinada a estar. Hacía todo «bien»: estudiaba, me preparaba, trabajaba duro. Pero nada parecía suficiente, no lograba manifestar lo que realmente quería.

Me enojaba mucho y me frustraba hasta las lágrimas cuando los resultados no eran los que esperaba. ¿De qué servía tanto esfuerzo si eso no salía como lo había planeado? Me obsesionaba buscando qué estaba haciendo mal, por qué otros sí y yo no.

Pero cada «no», cada puerta cerrada, cada proyecto que no despegaba me estaba preparando para algo más grande. Solo que en ese momento no podía verlo. Estaba tan enfocada en lo que no funcionaba que no veía cómo cada fracaso me estaba haciendo más fuerte, más sabia, más preparada para lo que vendría después.

Y un día, en medio de otro «fracaso», lo entendí: no estaba fallando, me estaba transformando. Cada tropiezo era un escalón necesario. Cada «no» me estaba preparando para los «sí» que vendrían después, para los que necesitaba estar lista. Las semillas tienen que encontrar su camino para salir de la oscuridad de la tierra al sol que alumbra en la superficie. Tal como una semilla, no estaba enterrada, estaba plantada, y cada fracaso me llevaba a estar lista para crecer.

> Cuando tocas fondo descubres que allá abajo hay un trampolín.
>
> Ale

Cada fracaso fue un gran maestro. ¿Sabes por qué? Porque me enseñó que sobrevivir a nuestros peores miedos nos hace invencibles. Cuando tocas fondo descubres que allá abajo hay un trampolín. Es realmente cierto que lo que no te mata te hace más fuerte.

El verdadero propósito de cada fracaso es ayudarte a crear tu verdadero camino. No el que te dijeron que funciona, sino el que funciona para ti. Thomas Edison lo sabía cuando dijo: «No he fracasado: he encontrado diez mil maneras que no funcionan».

Existe una pregunta que puede transformar tu relación con el fracaso para siempre: «¿En qué fracasaste hoy?». Cada noche, durante la cena familiar, un padre hacía esa pregunta inusual a sus hijos. Los alentaba a compartir sus errores, fallos y tropiezos. Cuando los niños compartían sus fracasos del día, su padre celebraba con ellos, chocando los cinco y sonriendo. A diferencia de otros padres, él los felicitaba por arriesgarse. Si algún día sus hijos no tenían ningún fracaso que contar, no los regañaba ni los presionaba. Más bien, les recordaba la gran lección de una forma amorosa: si no fallaste en nada, tal vez no saliste de tu zona de confort. Esta simple práctica familiar transformó el concepto del fracaso en algo que celebrar. Uno de esos niños era Sara Blakely, quien más adelante se convirtió en la fundadora de un imperio multimillonario. El padre de Sara había sembrado una semilla poderosa: la comprensión de que el verdadero fracaso no está en no lograrlo, sino en no intentarlo.

Las dudas no son señales de que vas por el camino equivocado... más bien son indicadores de que estás frente a la posibilidad de una transformación mayor. Y en este juego, el miedo tiene un guion predecible. Es como esa persona sobreprotectora que siempre exagera. Primero te dice que lo que quieres lograr es demasiado difícil. Luego te recuerda todo lo que podrías llegar a perder. Finalmente, te amenaza con todo lo que podría salir mal y con el juicio que podrían emitir otros.

Es una trampa perfecta que ha paralizado a millones antes que tú. Pero aquí está la clave: el miedo no es una pared, es tu GPS emocional. Hay una batalla constante entre lo que queremos ser, lo que creemos que deberíamos ser, y nuestros miedos más profundos. Freud lo entendió perfectamente: vivimos en ese espacio entre nuestros sueños más grandes y nuestros miedos más profundos. Y justo ahí, en medio de esa lucha, es donde el fracaso se convierte en tu mejor maestro. No porque te esté mostrando tus límites, sino porque te está revelando tu verdadero potencial.

Señala exactamente hacia dónde quieres ir. Cuando late más fuerte tu corazón, cuando tiemblan tus manos, cuando la voz en tu cabeza grita «¡Detente!», no necesariamente marca que estás frente al peligro... a veces dice que estás frente a tu próxima victoria. El miedo no vino a congelarte, sino a mostrarte aquello que es importante para ti. Con miedo o sin miedo, pero dale. La transformación está del otro lado de tus miedos.

Te comparto una técnica que en innumerables ocasiones me salvó de darme por vencida. Le llamo la autopsia del fracaso. Si algo no sale como esperabas, hazte estas preguntas.

- ¿Qué específicamente salió diferente a como yo lo esperaba?
- ¿Qué aprendí que no sabía antes?
- ¿Qué voy a hacer diferente la próxima vez?
- ¿Qué voy a hacer igual?
- ¿Hay alguna habilidad, herramienta o ayuda adicional que sería beneficioso considerar?
- ¿Qué habilidad estoy desarrollando?
- ¿De qué modo me fortalece esta experiencia?
- Toma nota de todas las respuestas.

Si alguna vez has incursionado en la cocina, sabrás que muchos platillos no salen a la primera, sino que, por más que te den una receta, tienes que adecuarla a tu gusto, a tu horno, a los ingredientes que utilizas. Así también sucede en la vida.

Te comparto algunas historias que te harán repensar el «fracaso». Walt Disney fue despedido del periódico donde trabajaba por «falta de imaginación». Steve Jobs fue echado de su propia empresa a los 30 años. Aunque fue un golpe duro en ese momento, con el tiempo lo reconoció como una bendición disfrazada de tragedia. Y Sara Blakely, de quien ya te hablé antes, fundó su imperio con 5 000 dólares tras recibir repetidos rechazos.

¿Sabes qué tienen en común estas personas? Convirtieron cada fracaso en una lección magistral. Disney usó su despido para crear un nuevo estilo de animación que cambiaría el entretenimiento para siempre. Jobs transformó su expulsión en una oportunidad para innovar con Pixar y luego regresar con más fuerza a Apple. Blakely convirtió las puertas cerradas en el impulso para crear una marca global sin experiencia ni apoyo externo.

La clave no estuvo en el fracaso mismo, sino en cómo lo usaron a su favor. Lo que tienen en común es que mantuvieron clara su visión y no dejaron que los «no» los desviaran de su propósito.

Cada fracaso los llevó a refinar su idea y mejorar en cada intento. Lejos de rendirse frente al rechazo, lo usaron como una señal de que estaban innovando. Y lejos de amoldarse a las visiones limitadas de las mentes que no creían en sus ideas, varios de ellos se rodearon estratégicamente de mentores que creían en su visión, y construyeron equipos que complementaban las áreas sobre las que no tenían tanto conocimiento.

Y tú puedes hacer lo mismo. El fracaso no discrimina, pero es la respuesta ante él lo que marca la diferencia. Tienes el poder de transformar tu mirada; y en lugar de ver fracasos, tomarlos como información que necesitabas para ajustar tu camino y tu plan.

Aún recuerdo el día que renuncié a mi trabajo corporativo. Tenía un excelente puesto, prestaciones, bonos, viajes y un salario que muchos envidiarían. Aunque sabía que era mi momento de avanzar a una nueva etapa, mis dudas gritaban tan fuerte adentro de mi cabeza que mi mano temblorosa apenas pudo firmar mi renuncia. La voz del miedo no dejaba de preguntarme cómo iba a sobrevivir sin esa seguridad, pero algo dentro de mí sabía que necesitaba saltar al vacío. Los primeros meses fueron aterradores, cada decisión parecía un riesgo enorme. Hoy, años después, he construido algo que es verdaderamente mío. La libertad que tanto me asustaba se convirtió en mi mayor fortaleza. Lo que parecía una locura, un gran error, fue el empujón que necesitaba para encontrar mi verdadero camino.

Algunas veces lo que marcamos como error no es más que el universo haciendo espacio para permitirnos recibir lo que realmente merecemos. Solo si estamos en la vibración correcta vamos a poder verlo como oportunidad. Si nos quedamos en el lamento y en el rol de víctima, no atraeremos más que desgracias.

> **El alfarero y el oro**
>
> *Un aprendiz de alfarero se lamentaba porque sus vasijas seguían quebrándose en el horno. Su maestro, en vez de consolarlo, tomó un trozo de oro y lo arrojó al fuego.*
>
> *—¿Por qué destruyes algo tan valioso? —preguntó alarmado el aprendiz. El maestro sacó el oro del fuego, ahora más brillante y puro que antes. Le dijo:*
>
> *—El fuego no destruye el oro: lo purifica.*
>
> *Moraleja: Muchas veces la resistencia no te destruye, sino que saca a relucir lo mejor de ti.*
>
> Sabiduría milenaria

Como el diamante bajo presión, cada desafío te está esculpiendo. ¿Y sabes qué es lo más fascinante de todo esto? Que el dolor que sientes cuando algo no sale como esperabas es inevitable, es parte de ser humano. Pero el sufrimiento... ah, el sufrimiento es completamente opcional. Es como cuando aprendes a surfear: las olas van a venir, eso es seguro, pero tú eliges si dejas que te tumben o aprendes a montarlas. Cuando realmente entiendes esto, algo mágico sucede: dejas de pelear contra la realidad y empiezas a bailar con ella. Ya no te quedas en el «¿Por qué a mí?», sino que te preguntas: «¿Qué puedo aprender de esto?».

La diferencia entre quien triunfa y quien se rinde no está en la cantidad de caídas, sino en la capacidad de ver cada una de ellas como parte de tu transformación. Cuando la vida te golpee tan fuerte que sientas que ya no puedes más, aquí hay tres cosas simples que pueden ayudarte enormemente a salir del ciclo de la desesperación.

En primer lugar, necesitas un momento para desconectar con el afuera y conectar contigo. Haz un *detox* de redes sociales y todo lo que te distraiga o te haga daño. Date permiso para sentir lo que duele; llora, grita, no contengas lo que sientes, pero tampoco te aferres a eso. Recuerda que este dolor es como una gripe: va a pasar.

En segundo lugar, tu cuerpo necesita moverse. No te quedes en cama todo el día. Sal a caminar, baila, haz ejercicio. Y aquí viene un ritual poderoso: escribe en un papel todo lo que te esté lastimando, cada miedo, cada duda, cada dolor. Cuando termines, quémalo (con cuidado) y mira cómo se convierte en cenizas. Es un ritual antiguo de liberación, una forma de decirte a ti y al universo «Esto ya no es mío».

Por último, hazte esta pregunta: ¿esto que me está pasando importará dentro de cinco años? Si la respuesta es «no», entonces déjalo ir. Si la respuesta es «sí», entonces tienes una misión por delante, es momento de crear un plan. Identifica qué necesitas resolver y comienza con un paso que puedas dar, de ser posible hoy mismo. Puede ser una llamada que has estado evitando, una decisión que has postergado o una conversación pendiente. Lo importante es comenzar. Has sobrevivido a cosas que jamás pensaste superar, y esto no será diferente. Un día contarás esta historia como parte de tu transformación.

Esta guía que acabo de compartirte va a ayudarte en esos momentos por los que todos pasamos y algunas veces se sienten eternos, como si no fueras a salir de allí. Recuerda que no existe una noche tan larga que no termine con la luz del amanecer.

¿Y si estuvieras haciéndolo mejor de lo que imaginas? A veces, las decisiones que tomamos nos incomodan o molestan, pero eso no significa que sean incorrectas. El dolor momentáneo puede ser el precio que pagas por avanzar hacia algo más grande. Reconoce que la incomodidad no siempre es señal de error, sino un indicador de crecimiento.

En los momentos en que quieras tirar la toalla, detente y piensa: ¿realmente necesitas abandonar o estás saboteándote porque dudas de ti? Si hay que ajustar, hazlo, pero no te castigues pensando que todo lo estás haciendo mal. Confía en ti, aunque no veas el camino completo. La incertidumbre es parte del juego, pero también lo es tu capacidad de acertar. No necesitas que todo esté claro para avanzar: solo necesitas moverte y creer que eres más capaz de lo que te dices que eres.

**Señales de que estás en el camino correcto:**

- ✦ El miedo te grita que te detengas, pero sigues avanzando.
- ✦ Cada intento es diferente del anterior; con cada uno evolucionas.
- ✦ Extraes lecciones específicas de cada caída.
- ✦ Tu visión se mantiene clara aunque el camino sea confuso.
- ✦ Los que antes se burlaban, ahora observan.
- ✦ Empiezas a ver oportunidades donde antes veías obstáculos.
- ✦ Te recuperas más rápido después de cada caída.
- ✦ Ya no necesitas la aprobación de otros para seguir adelante.

Recuerda esto, alma hermosa: el fracaso no es tu enemigo, es tu maestro. No te está mostrando tus límites, te está revelando dónde necesitas crecer. La pregunta no es si vas a fallar, es cuánto vas a aprender cada vez que lo hagas.

No estás aquí para ser una persona perfecta. Estás aquí para ser real, para probar, para crecer. Y sí, eso significa que vas a caer muchas veces. Y no hay nada de malo en eso, porque cada caída te acerca más a esa persona que quieres ser.

El fracaso no es el final del camino, es parte del camino mismo. Es el precio de la entrada para una vida extraordinaria. Mientras otros se quedan paralizados por el miedo, tú ya sabes el secreto: cada «no» te acerca a esa acumulación de los verdaderos «sí» que cambian tu vida.

### El koi y la corriente

*Un koi rojo nadaba río arriba, decidido a alcanzar la cascada sagrada donde, según la leyenda, se convertía en dragón. Cada día saltaba contra la corriente, pero las aguas lo arrastraban de vuelta. Un samurái que lo observaba le dijo:*

*—¿No ves que es inútil?*

*El koi respondió:*

*—Cada salto me enseña cómo doblar las aletas, cómo medir la fuerza del agua.*

*Tras cien intentos, una tormenta desvió la corriente. El koi saltó más alto que nunca y, al cruzar la cascada, emergió del agua convertido en un dragón majestuoso que surcó el cielo.*

*Moraleja: Los supuestos fracasos son lecciones. Cada intento es un acto valiente que talla tu camino hacia lo extraordinario.*

Sabiduría oriental

Existe una práctica que transforma el miedo en poder: el ritual de los pequeños actos valientes. Cada mañana, antes de que el día te atrape en la rutina, identifica algo que te asuste o te saque de tu zona de confort. No tiene que ser algo grande: puede ser tan simple como hablar con un extraño, expresar una idea en una reunión o enviar ese mensaje que has estado posponiendo. Lo importante no es el tamaño del acto, sino el momento de conciencia en que decides hacerlo a pesar del miedo o la duda.

Ahí está la magia; cada vez que haces algo que te asusta, tu cerebro aprende una lección invaluable: que sobreviviste, que el miedo no necesariamente señala algo malo para ti y que eres más capaz de lo que crees. Es como ejercitar un músculo; cada pequeño acto de valentía te hace más fuerte para el siguiente.

No necesitas documentar ni medir si no lo sientes. Solo necesitas actuar. Un pequeño acto valiente cada día. Es simple, pero transformador. Y después de un tiempo, notarás que cosas que antes te paralizaban, ahora apenas te inmutan. Ese es el verdadero poder: no la ausencia del miedo, sino aprender a escuchar sus mensajes.

No temas fracasar, alma hermosa. Teme quedarte atrapada en una vida mediocre por miedo a intentarlo. El éxito no está en no caer, sino en levantarte una vez más de las veces que caes, en aprender de cada tropiezo, en usar cada fracaso como combustible para tu próximo paso.

Porque al final solo fracasa realmente quien deja de intentar. Y cuando entiendes esto, te vuelves imparable. Así que sal allá afuera. Atrévete, falla, aprende, crece. La vida que sueñas está del otro lado de tus miedos. Y recuerda: los únicos que nunca fracasan son los que nunca lo intentan.

## LLAVES DEL SECRETO

- Cada fracaso es un escalón hacia tu grandeza.
- El miedo es tu GPS hacia lo que realmente importa.
- No estás fallando, te estás transformando.
- Las dudas señalan el camino de tu mayor crecimiento.

## ACTIVACIÓN DEL SECRETO

*Es momento de integrar esta sabiduría en tu experiencia.*

1. Describe un «fracaso» reciente. ¿Qué fortaleza o aprendizaje te dio esa experiencia? Por ejemplo, si perdiste una oportunidad laboral, quizá descubriste que eres más resiliente de lo que pensabas, o si un proyecto no funcionó, tal vez aprendiste habilidades valiosas en el proceso.

________________________________________

________________________________________

________________________________________

2. ¿Qué pequeño paso te asusta dar hoy? Por ejemplo, hacer esa llamada, enviar ese mensaje, tomar esa decisión.

________________________________________

________________________________________

________________________________________

3. ¿En qué fracasaste hoy? Como el padre de Sara le preguntaba cada noche a ella y a su hermano, ahora te pregunto a ti: ¿qué intentaste hoy que no salió como esperabas? No importa si es algo pequeño o grande, cada intento cuenta como señal de que te estás atreviendo. Por ejemplo, si hoy hablaste en una reunión y tu idea no fue aceptada, si enviaste un mensaje que no fue respondido como esperabas o si probaste una nueva estrategia que no funcionó.

________________________________________

________________________________________

________________________________________

4. Escribe una acción valiente que tomarás al cerrar este libro, por pequeña que parezca. Por ejemplo, enviar ese mensaje que has estado postergando, inscribirte en ese curso que siempre quisiste, comenzar ese proyecto personal que te emociona.

______________________________________________

______________________________________________

______________________________________________

El verdadero fracaso no está en no lograrlo, está en no intentarlo.

*Cada paso que das, incluso con miedo, desbloquea el código de tu verdadero poder personal.*

# MENSAJE DEL UNIVERSO

Al soltar la presión por hacerlo perfecto, *algo adentro se acomoda*. Lo que parecía un tropiezo era el inicio de un nuevo movimiento. Estás cruzando un umbral *donde el pasado deja de tener poder sobre tu presente. Se abren nuevos caminos donde antes solo había repetición.*

## ✦ Secreto 16 ✦

# REPROGRAMA TU CÓDIGO

En un mundo que constantemente intenta encasillarte en roles y expectativas limitantes, la capacidad de crear una nueva versión de ti misma, alma hermosa, es un acto de liberación y empoderamiento.

Desde el momento en que nacemos se nos impone un guion predeterminado, un conjunto de normas y expectativas que la sociedad, la familia o las circunstancias han escrito para nosotros. Muchas veces nos dicen quiénes deberíamos ser, cómo deberíamos vernos, qué camino tomar y qué es importante en la vida. Pero tú, alma hermosa, a diferencia de muchos otros, tienes el poder de reescribir ese guion. Por algo estás aquí, accediendo a esta sabiduría, leyendo estas palabras. Tienes la capacidad innata de crear tu propia narrativa, de diseñar una identidad que refleje tu esencia y tus deseos.

Reprogramarse no es para débiles ni para víctimas. Requiere una profunda introspección, una voluntad de desafiar todo lo que has aceptado como verdad sobre ti y el coraje de soltar las capas que ya no te sirven. Requiere la disposición de adentrarte en tus sombras, enfrentar tus miedos y aceptar las partes de ti que has mantenido ocultas.

La transformación, aunque a menudo es incómoda y aterradora, es un proceso necesario para convertirte en quien estás destinada a ser, alma hermosa. Todos llevamos dentro de nosotros el potencial de reinventarnos, de salir de nuestra zona de confort, de emerger como una versión más auténtica y empoderada de nosotros mismos. Pero no todos lo hacen.

En mi propio viaje hubo momentos en que me sentí completamente perdida y desconectada de mi propósito. Durante años viví una vida según una versión del éxito que otros habían diseñado para mí. El traje corporativo me quedaba perfecto por fuera, pero por dentro me estaba asfixiando.

Lo fascinante del autoengaño es lo buenos que somos pretendiendo que no vemos lo que pasa. Cada día ignoraba las señales, justificaba la insatisfacción, normalizaba el vacío. Era más cómodo mantener el *statu quo* que enfrentarme a mi verdad: había construido una vida que no quería vivir y era momento de reconstruir una que me apasionara.

Mi mente operaba como una fábrica de miedos en perfecta producción: producía en cadena preocupaciones sobre el dinero, fabricaba dudas sobre mi identidad, construía

> No necesitas que todos crean en ti. Lo que realmente importa es que lo hagas tú.
>
> Ale

miedos que me llevaban a tener terror a la soledad. Y yo compraba cada excusa, sin cuestionar.

Sabía que tenía que salir de este modo de vida, pero el miedo a lo desconocido era más fuerte que mi deseo de libertad. Sin saberlo, me había vuelto adicta a mi propia prisión, solo porque pensaba que ahí había estabilidad. Como cuando te quedas en una relación tóxica porque te da pánico la soledad, así estaba yo, pero con toda mi vida.

Solo cuando toqué fondo, cuando el dolor de quedarme igual fue más grande que el miedo a lo desconocido, finalmente decidí soltar. Comencé a cuestionar todas las creencias que había aceptado sobre mí misma y mi vida. Comencé a explorar nuevas posibilidades, a cultivar nuevas habilidades y a rodearme de personas que me inspiraban.

Fue todo un proceso. Me encontré con amigos que me tacharon de loca por dejar mi trabajo, hubo *muchas* lágrimas, ataques de ansiedad y momentos de querer tirar la toalla y volver a mi antigua vida. Pero en el fondo sabía: no es sabio volver adonde solo hay felicidad a medias.

El camino no fue fácil, pero me llevó a abrir los ojos. Con cada paso que daba sentía una creciente sensación de alineación, de propósito. Sentía que gracias a que estaba dejando de ser mi antigua versión, ahora había espacio para recuperar mi poder personal. Estaba creando una nueva versión de mí misma, una que reflejaba mi verdadera esencia y mi misión. Ya no era esa persona que tapaba el dolor con vicios o relaciones tóxicas. Me estaba convirtiendo en quien realmente yo veía dentro de mi ser y mi corazón.

Y es que para alcanzar tu máximo potencial tienes que dejar morir tu antigua versión para poder renacer con tu yo más poderoso, alineado con tu verdadero ser. No es fácil soltar quien fuiste, pero es necesario para convertirte en quien es tu destino ser.

Si sientes el llamado a reprogramar tu código en este momento, te comparto esta técnica de anclaje de identidad. Es una poderosa herramienta de programación neurolingüística que te ayuda a transformar quién eres desde el núcleo.

El ejercicio es simple pero profundo. Encuentra un espacio tranquilo donde nadie te interrumpa. De pie, cierra los ojos, y cuando te sientas lista, alma hermosa, da un paso hacia adelante, primero con un pie, luego con el otro. Este movimiento marca el inicio de tu transformación.

En esta nueva posición, adopta la postura de quien quieres ser. Endereza la espalda, levanta el mentón, respira hondo. Tu cuerpo está adoptando una nueva identidad. Adopta la postura de esa persona en la que te quieres convertir. De pie, con esa misma postura, visualiza una cosa que hayas logrado siendo esa versión. Esto te va a servir para reconocer cómo se mueve esa versión de ti, cómo habla, cómo decide. No lo pienses, déjalo fluir. Mientras sostienes estas sensaciones de poder, aprieta el puño izquierdo. Este gesto será tu ancla; cuando lo hagas, activarás automáticamente este estado de poder. Ahora, libera el puño y abre los ojos.

De ahora en adelante, cada vez que necesites acceder a esta nueva versión de ti, simplemente activa tu ancla (cierra tu puño izquierdo mientras visualizas esa versión de ti que eliges ser). No estás fingiendo, sino que estás accediendo a quien realmente eres para encarnar en esa persona.

Reprogramar tu código puede sentirse difícil a veces, pero es tan sencillo como recordarte que estás dando a luz a una nueva versión de ti, una que brilla con luz propia.

No significa rechazar quién has sido, sino utilizar todo lo que has sido para permitirte evolucionar y expandirte. Es crear una identidad que no solo se adapta a los cambios de tu vida, sino que los abraza y prospera en ellos. Para hacerlo, es importante aceptar lo que has sido antes y enfocar toda tu energía en crear algo nuevo con lo que fuiste hasta ahora.

A veces nuestro poder personal nos es arrebatado de las formas más brutales. Cuando era adolescente viví una experiencia que marcó profundamente mi comprensión del poder personal. Mi familia comenzó a recibir llamados con amenazas constantes e intentaron secuestrarme. En esa etapa de mi vida sentí el terror más profundo que pueda experimentar un ser humano: la pérdida total del control sobre su propia vida, su seguridad y su poder.

Esa experiencia, aunque totalmente traumática, me enseñó una de las lecciones más valiosas sobre el poder personal: incluso en los momentos en que parece que todo poder nos ha sido arrebatado, siempre existe un fuego interior que nadie puede apagar. Es esa chispa la que nos permite reconstruirnos, seguir adelante y sacar fortaleza de lo que jamás hubiéramos imaginado. No fue fácil; el miedo al secuestro persistió mucho tiempo después. Pero es clave que reconozcas que reclamar tu poder no significa no tener miedo: significa no dejar que el miedo te defina o te detenga.

Así que, alma hermosa, es tu momento de soñar en grande. De descubrirte, de definir cómo es tu nueva versión. Este es un buen momento para preguntarte qué te haría saltar de la cama cada mañana. Permítete el tiempo necesario para obtener esta respuesta. Cuando pasamos mucho tiempo viviendo desde el modo automático, es muy fácil olvidar lo que nos gusta, y es importante que hagas un espacio para descubrirlo.

No tengas miedo de desprenderte de lo que ya no te sirve. Dejar ir a quien no suma es liberador, porque créeme que no

### La taza llena

*Un profesor universitario visitó al maestro zen Nan-in para aprender sobre el zen. Nan-in le sirvió té. Llenó la taza del visitante y siguió vertiendo. El profesor vio la taza desbordar hasta que no pudo contenerse más y dijo:*

*—¡Está rebosando! ¡No cabe más!*

*Nan-in le contestó:*

*—Como esta taza, estás lleno de tus propias opiniones y especulaciones. ¿Cómo puedo mostrarte el zen si no vacías primero tu taza?*

*Moraleja: Para aprender algo nuevo, primero debes vaciar tu mente de lo que crees que ya sabes. La verdadera transformación comienza cuando creamos espacio para lo nuevo.*

Maestro zen Nan-in

te estás perdiendo de nada, sino todo lo contrario: te pierdes a ti y a la versión que podrías ser cada vez que te quedas en un espacio que te obliga a achicarte para encajar, o en relaciones que te llevan a sentir que no puedes ser quien tú deseas. Que encajes no quiere decir que estés en el lugar correcto.

Confía en que, al soltar lo que ya no te sirve, estás haciendo espacio para algo mucho más grande y más alineado con tu verdadero yo.

El mundo te necesita en toda tu autenticidad y poder. Te necesita para que te eleves a tu máximo potencial y muestres a otros lo que es posible cuando te atreves a reprogramar tu código. Así que sé audaz en tu imaginación, alma hermosa.

Sé implacable en tu compromiso con tu crecimiento. Y sobre todo, sé fiel a la verdad de quien eres. Porque en un mundo que nos presiona para conformarnos con migajas, el acto de reinventarse es una rebelión sagrada. Es una declaración valiente al universo de que estás aquí para hacer lo que sabes que has venido a hacer, que es crear tu vida según tus propios términos.

Y aquí es donde todo se pone interesante, alma hermosa, porque esta capacidad de transformación es la base de todo lo que viene después. En los próximos secretos, Emma y yo te mostraremos cómo usar tu poder para manifestar la vida que deseas y atraer la abundancia que mereces. Y no hablo solo de dinero, hablo de lo que tiene verdadero valor para ti: amor, salud, propósito, lo que sea que esté en sintonía con tu verdad. Tú decides qué significa para ti la abundancia.

Para sellar esta nueva versión de ti, te invito a que repitas este decreto con convicción, sintiendo cada palabra resonar en tu ser. Puedes hacerlo cada mañana al despertar o cada vez que sientas que necesitas reconectarte con tu poder.

**Decreto para recuperar tu poder:**

«Recupero mi poder en este instante. Recupero mi energía vital aquí y ahora. Me libero de todo lo que no me permite brillar y lo dejo ir. Me protejo aquí y ahora de toda energía que no esté alineada para mi más elevado bien. Me siento en total protección. Soy un ser completo y pleno. Y así es, hecho está».

## LLAVES DEL SECRETO

- Tu identidad no está escrita en piedra, puedes reescribirla.
- El cambio incómodo es mejor que la comodidad infeliz.
- Te conviertes en una persona poderosa cuando dejas de vivir la vida que otros planearon para ti.
- La transformación comienza cuando dejas de comprar tus propias excusas.

## ACTIVACIÓN DEL SECRETO

*Es momento de integrar esta sabiduría en tu experiencia.*

1. ¿Qué parte de tu vida actual sientes que fue «programada» por otros y no por ti? Por ejemplo, tu carrera, tus relaciones, tus metas.

________________________________________

________________________________________

________________________________________

2. Escribe una creencia limitante que hayas mantenido sobre ti y transfórmala en una nueva verdad que elijas creer desde hoy. Por ejemplo, de «No soy suficiente» a «Soy todo lo que necesito ser».

________________________________________

________________________________________

________________________________________

3. Ahora que has elegido una nueva creencia empoderadora, es momento de actuar como esa versión poderosa de ti. Durante los próximos tres días, registra una acción diaria que respalde tu nueva identidad y tu nueva verdad.

Por ejemplo, si tu nueva creencia es «Soy capaz y merezco ser escuchada», una acción puede ser hablar con claridad en una reunión.

Si es «Mi valor no depende de la opinión de los demás», puede ser decir «no» sin culpa.

Mi nueva identidad es:

______________________________________________

Durante los próximos tres días lo respaldo así:

Día 1: ________________________________________

Día 2: ________________________________________

Día 3: ________________________________________

*El poder personal no solo se piensa: se practica, se vive, se reafirma. Cada elección consciente te acerca más a tu verdadero poder.*

Los secretos que ahora posees son más que palabras: son las llaves de tu transformación. Úsalos como tu brújula cuando la duda aparezca. Vuélvelos tu guía cuando debas elegir tu siguiente movimiento. Cada uno de ellos ha sido probado no solo por mí, sino por todos los que se atrevieron a reclamar su verdadero poder.

Deja que tu metamorfosis inspire a otros. El mundo está esperando que te atrevas a crear una nueva versión de ti, una que refleje la totalidad de tu ser radiante, poderoso y único.

Has dado el primer paso para reprogramar tu código. Nos vemos en el tercer y último pilar de este proceso: los secretos para manifestar. Estás a punto de descubrir cómo manifestar lo que quieras y desatar tu máximo potencial.

Sigue brillando.

Ale

**MENSAJE DEL UNIVERSO**

No naciste para encajar ni complacer. *Hoy recuerdas lo que siempre fuiste, tu versión más poderosa despierta ahora.* Y con eso, cambia la forma en que actúas y lo que crees posible. *Estás dando un gran salto cuántico.*

# SECRETOS PARA MANIFESTAR

Ha llegado el momento de dar el siguiente paso, alma hermosa. Después de atravesar el viaje de sanación y reclamar tu poder personal, ahora es el momento de aprender el arte de la manifestación consciente. Te compartiremos un proceso práctico y comprobado que une la sabiduría ancestral con estrategias modernas, para que puedas aplicarlo fácilmente a tu día a día.

Antes de empezar, es necesario que comprendas lo que realmente es manifestar. El acto de manifestar es un proceso continuo y universal que ocurre constantemente en nuestras vidas, aunque la mayoría de las personas no son conscientes de ello. Manifestar es el proceso en el que algo se hace evidente en el mundo. Eso que se manifiesta puede ser una idea, un pensamiento, una emoción, una meta, un miedo o cualquier cosa que pase de un plano a otro. Por ejemplo, convertir un sueño en un proyecto concretado, transformar una idea en una meta cumplida o pasar del deseo de sentirte bien contigo mismo a realmente lograrlo.

Y dirás: «Pero un pensamiento es algo intangible»... Si bien tiene una parte que no se ve, un pensamiento es algo medible, pues tiene consecuencias en tu química corporal, en las hormonas que liberas, en tus emociones y en tus acciones. A simple vista, un pensamiento es algo intangible, no se puede tocar, pero es algo que se puede medir. Es importante que comprendas que manifestar no se limita a lo físico o a metas materiales. Se puede manifestar una idea, un pensamiento, una pareja sentimental, una emoción, una situación...

En términos generales, manifestar significa hacer algo evidente, mostrar de forma clara algo que antes estaba oculto o implícito. Deriva del adjetivo *manifestus*, que significa «claro, evidente, palpable, obvio». Hace referencia a «algo tan claro como si pudiera tocarse con la mano».

Para que puedas comprenderlo con mayor claridad, es importante que reconozcas que la manifestación se da en distintos niveles.

1. **Nivel físico.** Cuando algo se vuelve visible o tangible, como la manifestación de un síntoma o la manifestación de una meta que has materializado. Ejemplos de esto son comprar tu primera casa, renovar tu clóset con nuevos *outfits*, los boletos que compraste para ir de viaje a un lugar que amas.

2. **Nivel mental y emocional.** Puedes manifestar un pensamiento o una emoción. Ejemplos de esto son lograr cultivar un estado de paz, la tranquilidad que genera haber terminado una lista de pendientes, un pensamiento o una emoción puntual. Aquí también entran los anhelos y miedos.

3. **Nivel espiritual o metafísico.** Lo que tu aura y tu energía emanan es una manifestación de quién eres. Este nivel es algo más complejo de evidenciar, por lo que nos enfocaremos en los otros dos. En realidad, ninguno de estos niveles se manifiesta por separado, sino que se manifiestan en conjunto, por lo que estaremos haciendo un proceso integral, comenzando por lo que es más fácil para ti de evidenciar. Al estar concentrando tu energía en lo que más fácilmente puedas moldear y medir, estarás haciendo el proceso más sencillo para ti.

Para resumir esta primera parte, manifestar no se limita a lo físico o a metas del mundo material; es el acto de hacer algo evidente, ya sea a nivel material, mental, emocional o incluso energético.

Así como puedes manifestar de forma consciente algo que deseas, también puedes manifestar de manera inconsciente algo que es contrario a ello. Tus creencias, emociones y patrones de pensamiento influyen en lo que atraes a tu vida sin importar que seas consciente de ello. Por ejemplo, si tienes una creencia arraigada de que «todo te sale mal», es altamente probable que estés manifestando situaciones que refuercen esa creencia sin darte cuenta.

Cada pensamiento, emoción y creencia está dando forma a tu realidad, como un escultor que talla su obra con cada golpe del cincel. Todos manifestamos en cada instante, pero la verdadera magia surge cuando aprendemos a manifestar conscientemente, dirigiendo intencionalmente nuestra energía hacia lo que en verdad deseamos crear. Sin esta conciencia, muchas personas terminan manifestando involuntariamente aquello que temen o rechazan. Y esto se debe a que enfocan su atención en lo que no quieren, sin darse cuenta de que ese mismo enfoque está atrayendo y materializando esas experiencias indeseadas.

Manifestar lo que deseas se vuelve sencillo cuando tienes la guía correcta. Es un proceso que funciona siguiendo leyes universales específicas. Todo en el universo es energía vibrando a diferentes frecuencias, y tus pensamientos, emociones y acciones crean una frecuencia que atrae experiencias similares. No es casualidad ni suerte: es energía y sincronicidad.

Alma hermosa, el arte de manifestar requiere un balance perfecto entre la energía masculina y la femenina que todos llevamos dentro. La energía masculina (yang) es la que acciona conscientemente, la que ejecuta el plan con inteligencia y propósito. No se trata de desgastarte en acción sin sentido, sino de moverte estratégicamente hacia tus metas. Por otro lado, la energía femenina (yin) es la de la receptividad, la que permite recibir la inspiración creativa, las señales del universo y los resultados manifestados. Es este equilibrio entre hacer y recibir, entre actuar y permitir, lo que crea la magia de la manifestación consciente.

Nuestro método de manifestación Desata tu Magnetismo nació de años de estudio, práctica y experiencia trabajando con miles de personas que, como tú, alma hermosa, buscaban transformar sus vidas. Es un sistema que integra lo mejor de la sabiduría ancestral con estrategias modernas comprobadas. No se trata solo de visualizar o repetir afirmaciones: se trata de crear un cambio real en tu frecuencia vibratoria y en tu mente para atraer naturalmente lo que deseas. En pocas palabras, para convertirte en una persona magnética.

A continuación te compartimos las cuatro fases de este método. Trabajan en perfecta sinergia, como una orquesta en donde cada instrumento es esencial para crear la melodía perfecta.

## Primera fase: alineación

El primer paso es la alineación de cuerpo, mente y espíritu, todas las partes de ti yendo en una misma dirección. Para conseguir esto es necesario tener claridad en relación con qué quieres crear, sentir y vivir. Sin claridad, tus deseos son como barcos a la deriva. Cuando tienes claridad, puedes alinear tus palabras, pensamientos y acciones en perfecta concordancia. Imagina que estás sintonizando una radio: si tienes claridad sobre querer escuchar música pero estás en la frecuencia de noticias, no importa cuánto lo desees, solo recibirás noticias. Pero si cambias a una estación que pasa música, ahí vas a lograr tu objetivo, ¿verdad? La alineación es el proceso de sintonizar tu frecuencia personal, acciones y pensamientos con la frecuencia de tus deseos.

Esta fase es la combinación entre saber lo que quieres y alinearte con ello para crear un camino congruente. Esto da forma a tu intención, que es tu meta, tu objetivo. Todo en el universo funciona por resonancia. Cuando tus pensamientos, emociones y acciones están alineados con lo que deseas manifestar, te conviertes en un imán natural para esas experiencias.

## Segunda fase: limpieza y depuración

> No puedes seguir dos caminos al mismo tiempo.
>
> Proverbio cherokee

Antes de poder manifestar algo nuevo, necesitas crear espacio. Tu vida es como un jardín de rosas que necesita ser podado: a veces hay que cortar ramas que están secas, arrancar maleza que impide que tus rosas obtengan los nutrientes necesarios y remover capas de hojas muertas que impiden que brote lo nuevo. Tu campo energético y las diferentes áreas de tu vida necesitan liberarse de todo lo que ya no te sirve. Puede ser desde ropa que ya no refleja quien eres hasta pensamientos limitantes o relaciones con personas que no suman a tu bienestar. No se trata de negar o reprimir: se trata de reconocer y liberar. Cada bloqueo que sueltas crea espacio para que manifiestes algo mejor y más alineado con quien eliges ser. Sin limpieza y depuración no hay espacio para lo nuevo.

Imagina esto, alma hermosa: decides ir a un restaurante porque viste que tienen un postre increíble en la carta, algo que de verdad quieres probar. Llegas con tu intención clara: disfrutar esa delicia. Pero cuando te sientas, empiezas a pedir otras cosas. Primero un plato, luego otro y otro más. Al principio lo disfrutas, pero en un punto empiezas a sentir pesadez e incomodidad. Sabes que has comido suficiente, pero sigues llenándote sin realmente detenerte a pensar en lo que estás haciendo.

Cuando finalmente llega el momento del postre, te das cuenta de que no solo no tienes espacio, sino que incluso sientes bastante malestar. Lo que en un principio era disfrute se convirtió en una sensación de exceso, en haber ido más allá de lo que tu cuerpo necesitaba. Podrías pedir el postre para llevar, pero sabes que no es lo mismo. No va a tener la misma presentación ni la misma textura en ese instante perfecto... Es más, el solo hecho de pensar en ese postre te genera fatiga. La experiencia que querías vivir se perdió porque llenaste tu espacio con cosas que, aunque parecían buenas en el momento, terminaron pesándote.

Eso mismo pasa en la vida. Queremos manifestar algo, pero estamos tan saturados de cosas que no nos sirven, compromisos innecesarios, creencias limitantes, relaciones estancadas, pensamientos que nos pesan, que cuando llega la oportunidad de recibir lo que realmente deseamos, no tenemos espacio para ello. Y peor aún, nos sentimos agotados, drenados, sin energía para lo que en realidad importa.

Si dejas ir lo que ya no va de la mano con lo que quieres manifestar, creas el espacio para lo que realmente quieres. No se trata solo de limpiar, sino de darte la oportunidad de recibir sin el peso excesivo de lo que ya no te suma ni te aporta.

### Tercera fase: merecimiento y magnetismo

Esta fase es el corazón de todo el proceso. No basta con desear algo: necesitas sentir que lo mereces. Puede ser que alguna vez hayas sentido que dejaste enfriar una oportunidad solo por no saber cómo abordarla. Muy en el fondo, alma hermosa, es probable que sintieras que no estabas preparada para manejar esa situación. Cuando sabes que lo mereces, sabes que puedes con ello y que es bueno para ti; entonces avanzas, te permites recibirlo.

Cuando desarrollas tu poder de merecimiento, te vuelves naturalmente una persona magnética. Es como si el universo conspirara a tu favor, trayendo a las personas y oportunidades correctas en el momento preciso. Esta actitud te permite recibir. Sin receptividad, es como tener el teléfono en modo avión y preguntarte por qué nadie llama.

## Cuarta fase: acción consciente y consistencia

La acción consciente es el puente entre el mundo interior y el exterior, entre tu intención y tus metas manifestadas. Cabe destacar que no es cualquier acción: es movimiento alineado con tu intención. Y para que la acción consciente tenga su espacio, debes primero haberte alineado con tu intención (lo que te brinda claridad sobre lo que eliges manifestar), contar con espacio para recibir lo que quieres manifestar y reconocer que mereces recibirlo. Imagina a un arquero profesional: antes de soltar la flecha, se alinea completamente con su objetivo. Su mente está clara, su cuerpo estable, su intención fija (fase 1, alineación). Sus pensamientos están enfocados en lo que está a punto de hacer; no hay espacio para pensamientos sobre lo que va a hacer en la noche, solo lo que está por hacer ahora (fase 2, depuración). Sabe que puede hacerlo y que lo ha hecho antes (fase 3, magnetismo). La acción de soltar la flecha es casi secundaria; es, en cierto modo, resultado de todo el resto. Pero si este arquero supiera lo que quiere hacer, cómo hacerlo, que es capaz de lograrlo, y aun así no actuara... todo lo anterior no significaría nada.

La verdadera magia ocurre cuando las cuatro fases trabajan en armonía. Como las estaciones del año, cada etapa fluye naturalmente hacia la siguiente, creando un ritmo orgánico de transformación y manifestación. El único punto de poder real que tienes es el momento presente. El pasado existe como memoria, el futuro como potencial, y solo en el ahora puedes hacer que las cosas pasen. Dicho esto: manos a la obra.

## ✦ Secreto 17 ✦

# DECIDE O DECIDIRÁN POR TI

La vida es una serie continua de decisiones. Algunas son conscientes, otras pasan desapercibidas. Cuando condensas todas las elecciones de tu vida, observas que, en conjunto, tienen el poder de llevarte hacia un punto específico. Imagina tu existencia como un gran lienzo en blanco; y cada decisión es una pincelada que va definiendo tu obra maestra. Cuando no decides, permites que otros tomen el pincel y dibujen tu panorama.

> Como un escultor que talla su obra con cada golpe del cincel, tus creencias dan forma a tu realidad.
>
> Emma

Nuestra historia comenzó como la de muchos: atrapadas en un ciclo de situaciones que no queríamos, pero que parecían ser el único camino posible.

Ale había construido una carrera corporativa siguiendo el manual del «éxito tradicional». Estaba consumida en un entorno laboral donde los números importaban más que las personas, donde el éxito se medía en métricas y no en satisfacción. Tenía un buen sueldo, pero cada depósito mensual se sentía como el precio de su libertad.

Sus días se habían convertido en una serie de reuniones interminables, presentaciones e informes que nadie leía. Lo más doloroso era que, en algún punto del camino, había comenzado a creer que esa era la única forma de vivir, que el sacrificio de su autenticidad era el precio necesario para «triunfar» y ser «exitosa».

La desconexión entre sus acciones diarias y sus verdaderos deseos era cada vez más evidente. Postergaba sus sueños de emprender y crear algo propio, de generar un impacto real en las personas, todo por mantener una imagen de estabilidad que otros habían definido por ella. El miedo a decepcionar expectativas ajenas se había convertido en su carcelero más eficiente, manteniéndola en una jaula dorada de seguridad aparente.

Yo, Emma, reconocía el mismo patrón, pero desde otro ángulo. Había escogido una carrera que, si bien me gustaba mucho, no reflejaba completamente lo que quería hacer con mi vida. Era la segunda carrera que comenzaba y no

> **La encrucijada del viajero**
>
> *Un viajero llegó a una encrucijada donde dos sabios meditaban.*
>
> *—¿Qué camino debo tomar? —preguntó.*
>
> *El primer sabio respondió:*
>
> *—¿Adónde quieres ir?*
>
> *El viajero admitió que no lo sabía.*
>
> *—Entonces cualquier camino servirá —dijo el segundo sabio—, porque quien no sabe adónde va, tampoco sabrá si ha llegado.*
>
> *Moraleja: Sin una decisión clara sobre tu destino, cualquier camino te llevará a ninguna parte.*
>
> Fábula de tradición sufí

sabía si la iba a querer terminar. Algo en mí sabía que mi camino era otro... y no podía evitar sentir que me estaba perdiendo de algo. Pero además de eso, estaba cargando tantas heridas que no podía pensar en la existencia de un futuro. No podía apegarme a la consistencia de sostener una acción consciente, porque inconscientemente, desde mi perspectiva, el futuro no estaba garantizado. ¿Qué sentido tenía esforzarme por algo que no sabía si iba a llegar?

Esto es algo que suele sucederles a personas que han crecido en entornos de alta incertidumbre o trauma: la dificultad para postergar la gratificación. Es un ejemplo claro de cómo las decisiones que tomamos o posponemos son influenciadas por nuestras creencias.

Mi cerebro se había adaptado para ver afuera a un mundo impredecible, donde el futuro no estaba garantizado y las recompensas podrían no llegar. Esa era una creencia limitante profundamente arraigada en mí. Elegir mi camino ni siquiera era una opción; simplemente me dejaba llevar por la corriente. Aunque a simple vista estaba tomando decisiones, no era consciente de que era capaz de decidir el rumbo de mi vida. Entonces desarrollé una tendencia a priorizar gratificaciones inmediatas en lugar de esperar por beneficios mayores a largo plazo. Mi sistema nervioso se había acostumbrado a operar en un estado de supervivencia, donde lo que importaba era lo que estaba disponible en el presente. Me costaba muchísimo tomar decisiones que implicaran esfuerzo sostenido o una recompensa tardía, porque estaba condicionada a priorizar lo inmediato.

Esto es algo con lo que lidian sin saberlo muchas personas que cargan traumas sin sanar. Se puede observar en sus patrones de consumo, en sus hábitos financieros, en relaciones interpersonales y otras áreas donde la paciencia, la constancia y la planificación son clave. Sin embargo, soy testigo de que es posible cambiar esto.

Nosotras teníamos algo en común: estábamos viviendo vidas que no habíamos elegido, sino que habíamos aceptado casi por inercia. Comprendimos que no decidir es, en sí mismo, una decisión. Es una decisión silenciosa de permitir que otros agentes o personas definan nuestro camino.

Cada decisión es un acto de poder. Cada elección consciente te aleja de la trampa de las expectativas ajenas y te devuelve al territorio de tu verdadera esencia. Alma hermosa, pregúntate cuántas de tus decisiones son realmente tuyas.

Cuando somos niños, nuestros padres, abuelos, o quienes nos criaron deciden por nosotros lo que creen que es mejor para nuestra evolución y bienestar. Con el tiempo, conforme vas creciendo, hay nuevas personas que pueden llegar a decidir por ti, desde el amor (y otras no tanto). Tu pareja podría tomar decisiones por ti para guiar tu camino, pero independientemente de cuánta bondad haya en su corazón, solamente tú tienes el poder de saber qué es lo que realmente te mueve y enciende tu fuego interior.

Esto quiere decir que sin importar qué tan buenas intenciones tengan las personas que te aman, nadie va a conocer tu verdadero fuego interior como tú, alma hermosa.

En el grado en que tú lo harías, nadie puede:

- ✦ Sentir tus sueños en su verdadera intensidad.
- ✦ Ver tu visión y misión del mismo modo en que tú podrías hacerlo.
- ✦ Entender tus aspiraciones con el mismo nivel de detalle que tú.
- ✦ Conocer tu potencial oculto de la manera como tú lo haces.
- ✦ Reconocer las señales que indican por dónde avanzar cuando desconoces tu camino.

No decidir no significa que todo permanece igual, alma hermosa. Al contrario, no decidir por miedo al cambio te lleva, a la larga, a involucionar.

Piensa en alguien que se queda en un trabajo que odia porque cambiarlo le da miedo. Al principio, esta persona solo sentirá incomodidad, pero con el tiempo se puede convertir en agotamiento. Su motivación gradualmente se va apagando, su creatividad se marchita, su confianza desaparece. Con el paso de los meses, cada día le es más difícil levantarse con energía, más fácil quejarse por lo que no le gusta y más natural creer que no hay otra opción. No es que todo siga igual; es que, sin darse cuenta, esta persona ha ido retrocediendo. Lo que antes toleraba ahora le pesa, lo que antes le ilusionaba ahora le enoja porque cree que no puede hacerlo. Su versión de hoy es menos libre, menos feliz y menos confiada que la de ayer.

No decidir es dejar que la inercia te lleve. Pero la inercia no te mantiene en el mismo lugar en el que te quedaste: te arrastra hacia un rincón. Y cuando te das cuenta, no solo no has avanzado, sino que estás más lejos de lo que alguna vez quisiste ser. Cuando renuncias a tu poder de decisión, estás manifestando involuntariamente aquello que no deseas, dejando que las circunstancias y las decisiones de otros moldeen tu vida.

Pero hay una solución. La alineación comienza con una visión cristalina. Esa visión surge de un proceso intencional en el que decides mirar más allá de lo inmediato y conectar con lo que realmente deseas.

Ese proceso puede ser reactivado respondiendo ciertas interrogantes que te permiten verte sin máscaras, sin expectativas ajenas, sin las decisiones ajenas que, sin tú saberlo, te han estado arrastrando en otra dirección.

Sin pensar demasiado, responde con lo primero que llegue a tu mente. La primera respuesta es la más auténtica, porque viene antes de que la razón intervenga con excusas o condicionamientos.

Si sientes que no sabes lo que realmente quieres, es posible que hayas pasado demasiado tiempo dejando que otros decidan por ti. Para volver a conectar contigo, regresa a un momento en el que la opinión de los demás no tenía tanto peso.

Piensa en tu infancia, cuando aún no habías aprendido a encajar ni a limitarte. Responde sin filtros:

- ¿Qué te emocionaba hacer en tu infancia?
- ¿En qué momentos perdías la noción del tiempo?
- ¿Qué soñabas ser antes de que alguien te dijera lo que era «realista»?
- ¿Qué juegos, actividades o pasatiempos disfrutabas?
- ¿Recuerdas un momento en el que te sentiste completamente libre y feliz? ¿Qué estabas haciendo?
- Si volvieras a ser ese niño por un día, ¿qué harías primero?

Si no puedes recordar, pregúntale a alguien que te conociera en tu infancia: ¿cómo eras?, ¿qué te apasionaba? A veces, lo que olvidamos de nosotros mismos, otros aún lo recuerdan con claridad. Escuchar esas historias puede ayudarte a reconectar con partes de ti que desconocías.

Ahora que has mirado hacia adentro, es momento de darle forma a tu camino. A veces nos detenemos antes de siquiera imaginar lo que realmente queremos, porque asumimos que es difícil, imposible o poco realista. Pero deja de lado por un momento esas barreras y permítete explorar con libertad:

- **¿Qué desearías hacer con tu vida si supieras que puedes lograrlo?** No pienses en obstáculos ni en si es práctico o no. Solo imagina: ¿qué harías si supieras que el éxito está garantizado?
- **¿Quién desearías ser en tu vida si supieras que puedes lograrlo?** Si no hubiera límites ni obstáculos, ¿qué identidad elegirías para ti? Puede ser en términos de esencia, pero también de profesión, carrera o rol en la sociedad. ¿Te ves como escritor, artista, emprendedor, líder, sanador, científico? ¿Cómo sería la mejor versión de ti en todos los sentidos?
- **¿Qué desearías crear si supieras que va a salir bien?** Puede ser un proyecto, un negocio, una obra de arte, una comunidad. ¿Qué harías si el miedo al fracaso no existiera?

Tu visión no es solo una idea bonita: es la brújula que define tus decisiones, tus acciones y tu evolución. Si no la creas con intención, el mundo la creará por ti. Decidir con propósito al principio puede sentirse como una batalla interna que requiere estrategia, sabiduría y valentía. Pero se convierte en algo mucho más sencillo cuando te haces las preguntas correctas. La mayoría de las personas viven engañadas por capas de expectativas ajenas, permitiendo que voces externas dicten su guion. Pero los verdaderos estrategas de su propia vida comprenden que conocer-

> No decidir es como quedarse en la orilla esperando aprender a nadar.
>
> Ale

se a profundidad es el primer movimiento maestro y que la vida no solo se trata de grandes logros; también de cómo te sientes cada día.

- **¿Cómo desearías sentirte cada día si pudieras escoger?** En paz, con motivación, sintiendo libertad, en plenitud... Define tu estado ideal y pregúntate qué podrías hacer (o dejar de hacer) para acercarte a ese estado.
- **¿Qué aspectos de tu vida actual desearías mantener porque te nutren, te expanden o te aportan bienestar?** Hay cosas que sí están bien. ¿Cuáles son? Identificarlas te ayuda a construir sobre ellas.
- **¿Qué desearías cambiar de tu vida actual porque te limita, te drena o porque ya no disfrutas?** A veces, arrastramos cosas por costumbre. ¿Qué ya no encaja contigo?
- **¿Qué desearías dejar de hacer hoy porque ya no resuena contigo?** Tal vez una rutina, un hábito, una relación, una creencia. ¿Qué sientes que es momento de soltar?

Conocerte no significa simplemente enumerar tus habilidades o revisar tu currículum. De hecho, solo una pequeña parte tiene que ver con lo que haces para ganarte la vida. Conocerte implica buscar bajo la superficie, desenterrar esos deseos auténticos que has enterrado bajo capas de condicionamiento, culpa o miedo al qué dirán. Tus decisiones, para ser auténticas, deben nacer de tus deseos reales, no de un guion escrito por otros.

Tu presencia deja una huella, consciente o inconscientemente. Por eso es clave preguntarte qué impresión quieres dejar en otros.

- **¿Cómo quieres que otros se sientan en tu presencia?** ¿Más inspirados, más en paz, más libres? ¿Qué energía quieres transmitir cuando alguien esté contigo?
- **Si alguien hablara de ti, ¿qué desearías que dijeran?** No desde la validación externa, sino desde lo que realmente quieres representar en el mundo. Los valores que transmites, lo que ven en ti y lo que generas en otros.
- **Si alguien narrara la historia de tu vida dentro de cinco años, ¿qué te gustaría que dijeran sobre este periodo de tu vida?** ¿Que fue un momento de transformación? ¿Que tomaste decisiones importantes? ¿Que dejaste atrás lo que no te hacía feliz?

La coherencia es una herramienta muy poderosa. No basta con declarar intenciones. La verdadera decisión ocurre cuando palabras, pensamientos y acciones van alineados. Tu integridad es una catapulta hacia tu evolución. Para ponerlo en otras palabras, cuando no hay alineación en ti, alma hermosa, vas generando roces entre lo que tú sientes en tu interior y lo que proyectas al exterior. Esto genera un movimiento que tiene pequeñas trabas, que se ven insignificantes cuando están aisladas, pero si sumas cada pensamiento y cada momento del día, son como piedras que se van sumando a un río y forman una represa. Esto evita que fluyas con libertad.

En medio del ruido externo y la presión social, se escucha más fuerte un aliado que tiene voz propia: tu intuición. Esa guía interior puede ser un sistema de navegación muy preciso cuando la escuchas. Mientras el mundo externo te bombardea con opciones, expectativas y ruido, tu intuición es la brújula que marca hacia dónde avanzar.

- ✦ ¿Qué te emociona de verdad? No lo que «debería» emocionarte, sino lo que te mueve por dentro, que te impulsa a actuar sin esfuerzo.
- ✦ ¿En qué temas podrías perderte por horas investigando o hablando sin aburrirte? Lo que despierta tu curiosidad sin que nadie te lo pida es una pista de lo que realmente te interesa.
- ✦ ¿Qué injusticias o situaciones te encienden por dentro? Aquello que te molesta profundamente suele indicar un valor importante para ti.
- ✦ Si tuvieras que defender una causa sin importar lo que piensen los demás, ¿cuál sería? Lo que estarías dispuesto a proteger habla de lo que realmente valoras.
- ✦ Si tuvieras la oportunidad de cambiar algo en el mundo o en tu entorno, ¿qué sería y para qué?

Estas preguntas no solo te ayudan a descubrir qué te moviliza, sino que también revelan principios y valores que tal vez han estado opacados por la rutina o la confusión.

Decidir es tomar las riendas de tu vida y reconocer que mereces una vida diseñada por ti, no impuesta por otros. Cada decisión es un paso hacia tu máximo potencial, hacia ese lugar donde materializas la vida de *tus* sueños, no de sueños prefabricados de otros. Si tú no decides, alguien más lo hará. Y ese alguien probablemente no tenga la visión, la pasión o el conocimiento profundo de lo que realmente necesitas para florecer.

Si te cuesta visualizar tu futuro, imagina que ya estás ahí y míralo desde esa perspectiva:

- ✦ Si pudieras avanzar un año en el tiempo y mirar hacia atrás, ¿qué te gustaría haber cambiado o logrado? Esto te ayuda a ver qué es realmente prioritario para ti.
- ✦ Si dentro de un año tu vida siguiera exactamente igual que hoy, ¿cómo te sentirías? ¿Te daría tranquilidad o te frustraría? Esta respuesta te dará pistas sobre si necesitas hacer cambios.
- ✦ Imagina que han pasado cinco años y todo salió mejor de lo que esperabas. ¿Cómo es tu vida en ese escenario? ¿Qué cosas han cam-

biado para bien? Piensa en cómo sería esa versión de tu vida y qué decisiones llevaron hasta ahí.

Los sueños son como la chispa que enciende el motor de tu vida. Representan tus deseos más profundos, esos anhelos que te llenan de emoción y te conectan con lo que verdaderamente te mueve. Sin esos sueños, es como intentar encender un auto que se está quedando sin gasolina: podrás recorrer parte del camino, pero eventualmente, faltará eso que alimenta el movimiento.

Pero aquí hay otra clave: soñar es el inicio, pero no es suficiente. Los sueños, muchas veces etéreos, flotan en el aire y, aunque son mágicos, necesitan un puente para convertirse en realidad. Ese puente son las metas, que les dan dirección y los hacen alcanzables. Sin embargo, una meta sin estructura sigue siendo solo una intención. Ahí es donde entran los objetivos, que son los pasos concretos y medibles que te acercan a esa meta.

Si los sueños son el combustible que enciende la pasión, las metas son el destino claro hacia donde te diriges, y los objetivos, el vehículo que te lleva hasta allí. Sin metas, los sueños se quedan en ideas vagas. Sin objetivos, las metas son solo intenciones sin acción.

¿Sabes qué pasa cuando solo sueñas pero no trazas metas con objetivos claros? Es como ver un paisaje bellísimo desde lejos, pero nunca decidirte a caminar hacia él. La manifestación consciente es el proceso de traer esas ideas al plano físico, y las metas son el proceso que hace que eso ocurra.

> Las decisiones de hoy son las historias que contarás mañana.
>
> Proverbio Cree

En palabras más simples: los sueños te muestran lo que es posible, y las metas transformadas en acciones correctas te ayudan a llegar allí. Esa es la diferencia entre solo imaginar y manifestar.

La ciencia lo respalda: tus sueños, formados por pensamientos y emociones, no solo te inspiran, también moldean tu cerebro a través de un proceso llamado neuroplasticidad. Esto significa que tu cerebro se adapta según lo que piensas y haces de manera repetida. Cuando visualizas tus sueños, activas tu creatividad y emociones. Pero para llevar esos sueños a la realidad, necesitas metas claras. Y las metas entrenan a tu cerebro para enfocarse y resolver problemas, activando tu córtex prefrontal, la parte encargada de planificar y tomar decisiones. Es ahí donde los sueños dejan de ser solo ideas y se convierten en algo tangible.

Imagina que sueñas con tener un huerto lleno de frutas, de verduras y diferentes hierbas para cocinar. Pasas horas y días deleitándote con la idea de cultivar tus propias verduras en tu jardín. El sueño te inspira, dibuja mil sonrisas en tu rostro y hace palpitar a tu corazón, pero si no decides qué semillas comprar, dónde plantarlas y cuándo regarlas, ese jardín seguirá existiendo solo en tu imaginación. Las metas son esas acciones concretas que te llevan a tomar las decisiones correctas y plantearte objetivos puntuales: comprar las semillas indicadas de las verduras que se dan en tu zona, desmalezar el espacio, cada cuánto regar a las diferentes plantas de tu huerta. Profundizaremos más sobre este tema en los próximos secretos.

Las decisiones son clave para continuar en este viaje. Y algo que verdaderamente da vida a tus decisiones son tus creencias. En el próximo secreto te darás cuenta de cómo cada decisión es un reflejo de lo que crees sobre ti, el mundo y lo que es posible para ti. Tus decisiones son la superficie. Tus creencias son las raíces que las sostienen.

Tu vida no es un accidente, es una obra de arte. Y tú eres la artista, alma hermosa, por lo que ahora te recomendamos tomarte un momento para reflexionar con honestidad sobre las decisiones que has evitado.

## LLAVES DEL SECRETO

- Estás decidiendo constantemente, así no seas consciente de ello.
- Solo tú puedes saber qué es lo que más enciende tu fuego interior.
- Los sueños te muestran lo que es posible, y las metas transformadas en acciones correctas te ayudan a llegar allí.
- Las decisiones que tomamos son influenciadas por nuestras creencias.

✦ Decidir un cambio puede significar incomodidad momentánea, pero decidir seguir igual sabiendo que quieres un cambio genera incomodidad constante.

## ACTIVACIÓN DEL SECRETO

*Es momento de integrar esta sabiduría en tu experiencia.*

1. ¿Qué decisiones sientes que has postergado o tal vez permitido que otros tomen por ti? Toma nota de una a tres decisiones, comenzando por la más importante.

______________________________________________

______________________________________________

______________________________________________

2. Ahora imagina cómo sería tu vida si nunca tomaras esas decisiones o si decidieras lo contrario a lo que en verdad quieres. ¿Cómo te sentirías? ¿Qué puertas podrían cerrarse si permites que otros o las circunstancias decidan por ti?

______________________________________________

______________________________________________

______________________________________________

3. Imagina cómo sería tu vida si tomaras las decisiones que te sientes llamado a tomar. ¿Qué cambiaría? ¿Cómo te sentirías? ¿Qué puertas podrían abrirse si te atrevieras a escoger lo que tú realmente deseas? ¿Hay algo que sientas que debieras hacer antes?

______________________________________________

______________________________________________

______________________________________________

4. Tómate un momento para elegir una de estas decisiones para llevarla adelante. Para esa decisión, vas a escoger una acción que sientas que va alineada con lo que deseas ser, sentir o hacer con tu vida. No necesitas resolverlo todo, pero sí puedes hacer una primera acción, por pequeña que sea, hoy mismo. Tal vez sea hacer una llamada, proponerte comenzar a hacer ejercicio, investigar algo que te dé curiosidad o simplemente comenzar a trazar un plan para lograr algo que desees. Toma nota de qué acción escoges hoy.

______________________________________________

______________________________________________

______________________________________________

5. ¿Qué comienza a estar disponible para ti a partir del simple hecho de permitirte cuestionarte lo que eliges en la vida que estás construyendo para ti?

______________________________________________

______________________________________________

______________________________________________

*Lo importante no es la velocidad; respeta tus tiempos. Hoy puedes dejar de postergar tus decisiones y así hacer espacio para transformar tu vida. Estás en el proceso activo de tomar las riendas de tu destino. Te celebramos.*

**MENSAJE DEL UNIVERSO**

El universo es infinito. Aunque algunas veces parezca que no hay opción, siempre la hay. *Al moverte con determinación*, se abren las puertas indicadas y *el camino te conduce a lo que eliges manifestar*.

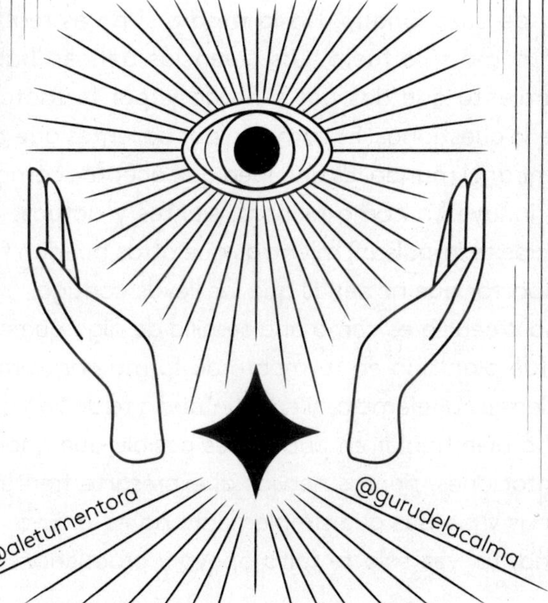

## ✦ Secreto 18 ✦

# CREAS LO QUE CREES

Una creencia es algo que das por cierto, sin necesidad de cuestionarlo. Da lo mismo si no es real: actúas como si lo fuera. Las creencias definen hábitos de pensamiento que das por sentado y, por lo tanto, difícilmente lo cuestionas. Es como un par de lentes que te pones para mirar el mundo. Es una idea que aceptas como verdad y que influye en cómo piensas, sientes y actúas. Algunas creencias te impulsan, mientras que otras pueden frenarte, sin importar que no sepas que las llevas contigo.

Una creencia es como una semilla de algo que en el pasado fue plantado en tu mente de forma consciente o inconsciente. Por ejemplo, si en tu infancia te decían que no se te daba bien hablar en público, es posible que ahora evites presentaciones, sientas nervios al expresarte frente a otras personas y pienses que simplemente no es lo tuyo. Pero, en realidad, tal vez solo te faltó apoyo y práctica. Esa creencia no refleja la verdad absoluta, sino lo que hasta ahora has tomado como tu verdad.

> Tener un mapa
> no sirve de nada
> si tu brújula interna
> está apuntando en
> otra dirección.
>
> Emma

Las creencias moldean tu manera de pensar, sentir y actuar. Y como todo lo que piensas y sientes emite una frecuencia, tu realidad se construye a partir de ellas.

El universo no responde a lo que dices, sino a la vibración que emites y a la frecuencia con la que te alineas. Nikola Tesla, uno de los científicos más visionarios de la historia, afirmaba que para comprender los secretos del universo debemos pensar en términos de energía, frecuencia y vibración. Por su lado, Albert Einstein demostró, con su ecuación $E=mc^2$, que la materia no es algo sólido e inmutable, sino energía condensada en un estado particular. También sostenía que «todo en la vida es vibración», hecho que la física moderna ha confirmado: la materia no es estática, sino energía vibrando a diferentes frecuencias.

En palabras más simples: si todo en el universo es energía vibrando a distintas frecuencias, entonces tus pensamientos y emociones no son la excepción. Ellos emiten una frecuencia que interactúa con la realidad. Cada creencia que sostienes actúa como una señal de transmisión, enviando una vibración específica que influye en cómo experimentas la realidad. Creas lo que crees, porque tu mente no solo interpreta

> Tu mente se cree todo lo que le dices y lo convierte en tu realidad.
>
> Ale

el mundo, sino que también moldea lo que ves y las experiencias que tienes. Cuando te convences de que algo es cierto, eso crea una limitación y una posibilidad al mismo tiempo. Tu cerebro y tu sistema nervioso reaccionan en consecuencia, filtrando la información que percibes y dirigiendo tus acciones de manera que validen esa creencia.

Bruce Lipton, pionero en epigenética, llevó esta idea al plano biológico al demostrar que nuestros pensamientos y creencias no solo influyen en nuestra mente, sino que también afectan la expresión de nuestros genes y el funcionamiento de las células. Sus estudios revelaron que no es el ADN lo que determina nuestro destino, sino el entorno en el que se encuentra la célula, y que ese entorno es profundamente influenciado por nuestras percepciones, emociones, pensamientos y creencias. En otras palabras, tu estado mental y emocional puede, de cierto modo, reprogramar tu biología, activando o desactivando ciertos genes, lo que impacta directamente sobre tu salud, bienestar y, por extensión, tu realidad.

Hay una verdad universal que los grandes pensadores, desde los maestros zen hasta los científicos y estrategas más brillantes, siempre han comprendido: tus pensamientos no son simples ideas flotando en tu mente; son frecuencias que moldean tu existencia.

Eres como un imán: cada pensamiento, cada creencia, cada emoción genera un campo energético que interactúa con la realidad a tu alrededor. No es magia, es física cuántica aplicada a tu vida diaria. Tu cerebro y tu corazón emiten ondas medibles que van más allá de tu cuerpo e influyen en cómo experimentas el mundo y en lo que atraes o repeles.

Tu cerebro tiene un mecanismo fascinante llamado sistema de activación reticular (SAR). Es un nombre elegante para describir el filtro que determina qué información captas del mundo y cuál descartas. ¿Te ha pasado que cuando estás pensando en comprar algo, por ejemplo un nuevo auto de cierta marca, y de repente ves esa marca de autos por todas partes? ¿O cuando estás pensando en tener un bebé y comienzas a ver mujeres embarazadas o niños en cada esquina? ¿O quizás cuando te rompen el corazón y parece que todas las canciones en la radio hablan de desamor?

Este mecanismo es tan poderoso que incluso puede determinar tu éxito o fracaso. Funciona como una red selectiva en tu cerebro, ayudándote a enfocarte solo en lo que considera relevante. Tus creencias personales lo programan: si crees que algo es posible o imposible, tu SAR buscará evidencia que lo confirme. Si crees que no puedes hablar en público, tu SAR te hará notar tus errores, ignorando muchos de los momentos en que te expresaste bien.

Pero aquí está la clave: al cambiar tus creencias, puedes reprogramar tu filtro para detectar posibilidades. Por ejemplo, si empiezas a decirte y creer que es posible para ti mejorar al hablar en público, tu SAR te ayudará a identificar oportunidades de práctica, comentarios positivos y recursos que antes ignorabas. Bastante genial, ¿verdad? De esta manera, transformar tu creencia crea nuevas oportunidades para multiplicar tus oportunidades y superar limitaciones.

Piénsalo por un momento: cuando un emprendedor cree fielmente que su negocio va a funcionar, comienza a «ver» oportunidades que otros pueden pasar por alto. Cuando un artista cree en su talento, empieza a mostrar sus dones sin dar tanto peso a la crítica, lo que a la larga da espacio para que lo descubran personas que valoran su arte. No es magia, es tu cerebro trabajando las veinticuatro horas del día para encontrar pruebas que confirmen tus creencias.

Este mismo sistema es el que hace que tus creencias moldeen literalmente tu realidad. Si crees que la vida es difícil, tu cerebro filtrará toda la información para mostrarte pruebas de esa dificultad. Si crees que el dinero es escaso, tu mente detectará todas las señales que confirmen esa escasez. Y claro, cambiar tus creencias no soluciona todo por arte de magia, pero sí te permite ver las oportunidades para manifestar el cambio que deseas.

### Los ciegos y el elefante

*En cierta ocasión, un rey reunió a un grupo de hombres ciegos de nacimiento y les pidió que tocaran un elefante. Cada uno palpó una parte distinta: la cabeza, las orejas, el colmillo, la trompa, el costado, las patas y la cola. Después, el rey les preguntó cómo era el elefante. El que tocó la cabeza dijo que era como una vasija. El que tocó la oreja aseguró que era como un abanico. El que tocó el colmillo afirmó que era como un arado. El que tocó la trompa dijo que era como una rama. El que tocó el costado aseguró que era como una pared. El que tocó la pata dijo que era como un poste. Y el que tocó la cola aseguró que era como una soga. Comenzaron a discutir, cada uno convencido de tener la razón. El rey, viéndolos pelear, sonrió: cada uno tenía parte de la verdad, pero ninguno la conocía completa.*

*Moraleja: No hay nada más peligroso que una mente que cree saberlo todo. No peleamos por lo que sabemos, sino por lo que creemos saber.*

Canon Pali

Cuando decides conscientemente cambiar tus creencias, cuando eliges creer que hay múltiples oportunidades para ti o que el éxito es algo que puedes construir, tu cerebro comienza a mostrarte pruebas de que esas nuevas creencias son reales.

Como te mencionamos hace unos momentos, cada creencia que sostienes crea una limitación y una posibilidad al mismo tiempo, lo que significa que abre unas puertas y cierra otras, y eso está bien.

Considera esto: si crees que no se te da bien hablar en público, es probable que esto haya abierto la puerta a enfocarte en tareas individuales o escritas, donde puedas expresar tu creatividad o ideas sin sentir que te estás exponiendo demasiado. Pero quizás esto haya cerrado la puerta a sentirte libre para compartir tus opiniones con frescura y confianza frente a otros. Entender esto no se trata de juzgarte, alma hermosa, sino de reconocer cómo ciertas creencias pudieron haberte protegido en su momento, y desde ahí decidir si eliges transformarlas.

Por otro lado, si crees que eres una persona creativa, es probable que esto te haya abierto la puerta a explorar nuevas formas de expresión artística o a conectar con personas que valoran tu manera de ver el mundo. Pero quizás eso haya cerrado la puerta a interesarte por áreas más técnicas o analíticas, como las ciencias exactas, donde podrías descubrir en ti talentos que aún no has explorado. O tal vez te cerró las puertas a tener miedo de expresarte, lo cual puede ser una gran ventaja para ti.

Lo importante no es luchar contra tus creencias, sino entender cómo te han servido y recordar que siempre puedes ampliarlas o modificarlas. Al sumar nuevas ideas a tus creencias, dejas de sentir que te limitan y comienzas a permitirte expresarte con más autenticidad y libertad.

En el secreto anterior hablamos de la importancia de tener una visión clara. Ahora es momento de dar el siguiente paso: alinear tu energía, tu biología y tu mente con esa visión. Porque tener un mapa no sirve de nada si tu brújula interna está apuntando en otra dirección.

La pregunta no es si estás manifestando, porque lo haces a cada momento, ya sea de manera consciente o inconsciente, sino: ¿eres consciente de lo que estás manifestando a partir de tus creencias?

La mayoría de la gente vive en un estado de constante contradicción interna sin siquiera saberlo. Su boca pronuncia palabras de abundancia mientras su corazón late al ritmo del miedo. Declaran querer éxito mientras sus acciones les llevan a manifestar el resultado opuesto. Es como intentar conducir un auto pisando simultáneamente el acelerador y el freno; se genera mucho ruido, pero no un verdadero avance.

Cuando existe una alineación perfecta entre tus pensamientos, tus palabras y tus acciones, puedes sentirlo en tu ser. Tienes una sensación de que todo va de la mano, hacia una misma dirección, en un mismo sentido, y la fricción se desvanece. Es un estado donde cada pensamiento y cada parte de ti resuena en armonía contigo. Cuando alcanzas esta alineación, el universo comienza a responder a tu llamado.

Hace un tiempo acompañamos a una mujer que repetía con frecuencia afirmaciones de abundancia y decía constantemente que estaba lista para manifestar lo que quería, pero no parecía dar el primer paso necesario: pedirle apoyo económico a su socio para comenzar el negocio que tanto le emocionaba. Su pasión se estaba convirtiendo en ansiedad y tristeza, porque para avanzar necesitaba la aprobación de su socio y había una parte de ella que estaba comenzando a sentir que él no quería hacer esa inversión. Su realidad financiera seguía siendo la misma: estaba bien económicamente, pero sabía que aspiraba a más, que merecía más. Sin que ella dijera lo que quería abordar, Emma le compartió el primer mensaje canalizado en nuestra sesión. Veía en su aura a una persona detrás de ella, haciendo señales con sus manos para diferentes lados, llevando a que ella se distrajera. Eso generaba que ella sintiera que no podía ir hacia donde quería, sintiendo que ocupaba su tiempo con distracciones secundarias. El mensaje se mostró muy claro, y le dijimos: vuelve a preguntar, vuelve a tener esa conversación, vuelve a intentar abrir esa puerta. Ella estaba frustrada, porque había tenido esa conversación muchas veces sin llegar a ningún puerto.

El problema era en realidad que sus palabras no estaban claras y alineadas con lo que estaba queriendo, sino que venían de creencias de duda y un poco de miedo. Mientras sus deseos hablaban de abundancia, su cuerpo se tensaba cada vez que tenía que tener la conversación con su socio, y su mente repetía historias de que eso no se iba a lograr. Entonces cada vez que estaba por tomar esa primera acción concreta hacia sus sueños, se congelaba. De este modo, sus pensamientos, emociones y acciones no estaban alineados con sus sueños, porque sus creencias le decían que su socio no iba a aceptar.

Al finalizar la sesión dijo que confiaba en el mensaje y que iba a hablar con su socio una vez más, esta vez habiendo cambiado su sentir sobre lo que era posible lograr. Tan solo dos meses después de nuestro encuentro, recibimos varios mensajes suyos diciéndonos que esa conversación le había llevado a finalmente comenzar el negocio y que ya había vendido su primera casa. Al alinear su frecuencia, sus pensamientos y acciones con su visión de lo que deseaba manifestar, se convirtió en un imán natural para las oportunidades. Los negocios comenzaron a fluir y su realidad externa comenzó a reflejar su nueva coherencia interna. El resultado fue extraordinario.

> Los pensamientos son semillas; lo que plantas crecerá.
> Proverbio lakota

Si tú sabes lo que realmente quieres, ve por ello, hazte uno con ello. De este modo sabrás que estás tomando el camino correcto en lugar del equivocado. Cuando vibras en la frecuencia de lo que deseas, lo que deseas no tiene más remedio que manifestarse. Tu estado vibratorio es tu punto de atracción.

Cada pensamiento, cada emoción, cada creencia que albergas, influye en tu realidad. Por eso es que para cambiar tu realidad externa debes comenzar con tu mundo interno. No son tus deseos los que crean tu realidad, sino tu vibración, porque esta refleja lo que realmente sostienes como verdad en tu interior. Por eso es clave que analices con honestidad tus creencias y pensamientos, y cómo sientes tu cuerpo. Todo esto influye en la frecuencia en la que vibras, y esa frecuencia es la que atrae experiencias y resultados a tu vida. Cuando alineas lo que crees, piensas y sientes, diriges tu energía hacia lo que realmente deseas manifestar.

El ejercicio que vas a encontrar a continuación te ayudará a identificar creencias que podrían estar bloqueando lo que realmente deseas manifestar en tu vida. Muchas veces decimos que queremos algo, pero nuestras creencias inconscientes nos llevan en la dirección contraria. Queremos amor, pero decimos que siempre nos van a herir. Queremos abundancia, pero pensamos que el dinero es muy difícil de conseguir. Queremos bienestar, pero nos convencemos de que la vida siempre es un esfuerzo constante.

El universo es un reflejo de lo que sostienes internamente. No responde a lo que dices que quieres, sino a lo que verdaderamente crees posible para ti. Y aquí está la trampa que muchos no ven: el universo no distingue entre lo que deseas y lo que temes; solo responde a la frecuencia que emites con más fuerza. Si pasas tu tiempo pensando en lo que no quieres que pase, en lo que quieres evitar, en lo que te da miedo, estás dando más fuerza a eso, en lugar de a lo que realmente deseas. Si te enfocas en lo que sí quieres, en lo que disfrutas, en lo que te hace sentir bien, comienzas a resonar con esa realidad.

Alma hermosa, el poder siempre ha estado dentro de ti. Manifestar no es pedir al universo: es convertirte en uno con tu visión. Cuando sostienes la frecuencia de lo que deseas, el universo entero conspira para hacer de tu visión una realidad tangible. ¿Y cómo lo haces? Cultivando creencias que van en sintonía con lo que deseas y haciendo que tu cuerpo se sienta en apertura, relajado y en armonía.

Hay algo que pocos comprenden realmente: la alineación no es un suceso único, es una práctica diaria. Como un atleta olímpico que entrena cada día para mantener su excelencia, tú debes entrenar tu frecuencia vibratoria constantemente. Cada mañana, cuando despiertas, tienes la oportunidad de elegir tu vibración. Cada desafío que enfrentas es una prueba para reafirmar tu alineación.

Hemos visto a personas transformar completamente sus vidas cuando comprenden esta verdad. Una mujer que vino a nuestros cursos, después de años de luchar con relaciones tóxicas, finalmente entendió que sus patrones externos eran un reflejo perfecto de su desalineación interna. Sus palabras declaraban querer una relación saludable, pero su energía mostraba miedo a ser vista (a pesar de ser una mujer bellísima) y sus creencias afirmaban que no existían las relaciones sanas. El cambio comenzó cuando decidió alinear cada aspecto de su ser con el amor que deseaba atraer.

Comenzó tratándose a sí misma con el mismo amor y respeto que deseaba recibir. Alineó sus pensamientos con la posibilidad de manifestar amor de pareja, desde la conciencia de que ella era una mujer valiosa. Alineó sus acciones, estableciendo límites saludables en todas sus relaciones. Reconoció que tenía la bendición para construir esa vida que le hacía tanta ilusión. El resultado fue sorprendente: el universo respondió a su nueva frecuencia. Manifestó una relación amorosa y saludable, que reflejaba su nueva vibración de amor propio y respeto. Al tiempo, manifestó la familia que deseaba construir, en un entorno de amor mutuo, honestidad, respeto y compromiso.

Cada nuevo amanecer es una oportunidad para alinear tu ser con lo que viniste a manifestar. No se trata de buscar perfección; solo necesitas ser consistente en tu compromiso contigo y la vida que sabes que deseas.

La magia de la vida no está en lo que sucede fuera de ti, sino en lo que ocurre dentro cuando alineas todo tu ser con tu visión. El universo siempre está escuchando. Solo necesita que expreses en una frecuencia clara y consistente con lo que deseas manifestar. El universo no tiene favoritos, solo tiene frecuencias compatibles con uno u otro resultado. Alinea tu frecuencia con tu deseo, y no tendrá más remedio que manifestarse.

## LLAVES DEL SECRETO

- Tus creencias moldean tu realidad.
- Una creencia es una idea que das por cierta y que influye en lo que piensas, sientes y haces.
- Las creencias se pueden modificar o reemplazar por otras.
- Tus creencias crean cierta imagen sobre cómo ves e interpretas a tu mundo interior y exterior.

## ACTIVACIÓN DEL SECRETO

*Es momento de integrar esta sabiduría en tu experiencia.*

1. ¿Qué te han enseñado sobre hacer realidad tus sueños a lo largo de tu vida? ¿Creciste escuchando que todo se consigue con sacrificio, que nada es seguro, que en la vida hay que conformarse o ir por lo que es seguro, que no puedes confiar en otros?

____________________________________________

____________________________________________

____________________________________________

2. Cuando imaginas tener lo que deseas, ¿cómo te sientes? ¿Realmente sientes que mereces manifestarlo? ¿O tal vez aparece miedo, incomodidad, remordimiento o culpa?

____________________________________________

____________________________________________

____________________________________________

3. Cuando piensas en el futuro, ¿tu mente se inclina más hacia la posibilidad o hacia la dificultad? ¿Te visualizas logrando lo que deseas con confianza o aparecen excusas, razones por las que podría fallar o pensamientos que te hacen dudar de que sea para ti?

____________________________________________

____________________________________________

____________________________________________

4. Tómate un momento para reflexionar: ¿qué creencias sostienes hoy que pudieran estar impidiendo manifestar lo que en verdad

quieres? Identifica aquellas que eliges modificar y reemplázalas por ideas más alineadas con tus metas.

Por ejemplo, si crees que no eres sociable, podrías reemplazar esa creencia por creer que hay espacios donde puedes conectar con personas que comparten tus intereses. Esta nueva forma de pensar podría abrirte a descubrir esos espacios, llevándote a conocer a gente nueva con gustos afines a los tuyos. O si, por otro lado, sientes que no tienes tiempo para cuidarte, podrías empezar a creer que priorizar tu bienestar no requiere horas, sino momentos conscientes. Esto podría ayudarte a replantear tus prioridades y encontrar pequeños espacios en tu día para dedicarte a ti.

Alma hermosa, haz una lista con una a tres creencias que escojas modificar y por qué las reemplazas:

*Las creencias que sostienes dan forma a tu realidad. Hoy tienes la oportunidad de transformar las creencias que te han limitado negativamente y reemplazarlas por otras que te creen lo que quieras crear. Por ejemplo, si has pensado que no puedes cambiar de carrera porque es demasiado tarde, podrías considerar una nueva creencia: es posible aprender algo nuevo y dar un giro profesional. Esta nueva perspectiva podría llevarte a explorar oportunidades que antes no habías considerado, como sumar a lo que hoy haces algo de lo que te gustaría explorar o incluso a crear una nueva disciplina.*

*Este ejercicio no es solo para identificar lo que deseas, sino para notar si, en el fondo, lo estás bloqueando con lo que crees o con lo que no quieres. Creas lo que crees. Y cuando comienzas a cambiar tus creencias de forma consciente, el mundo exterior comienza a evidenciarlo. Confía en lo que estás haciendo; lo estás haciendo excelente.*

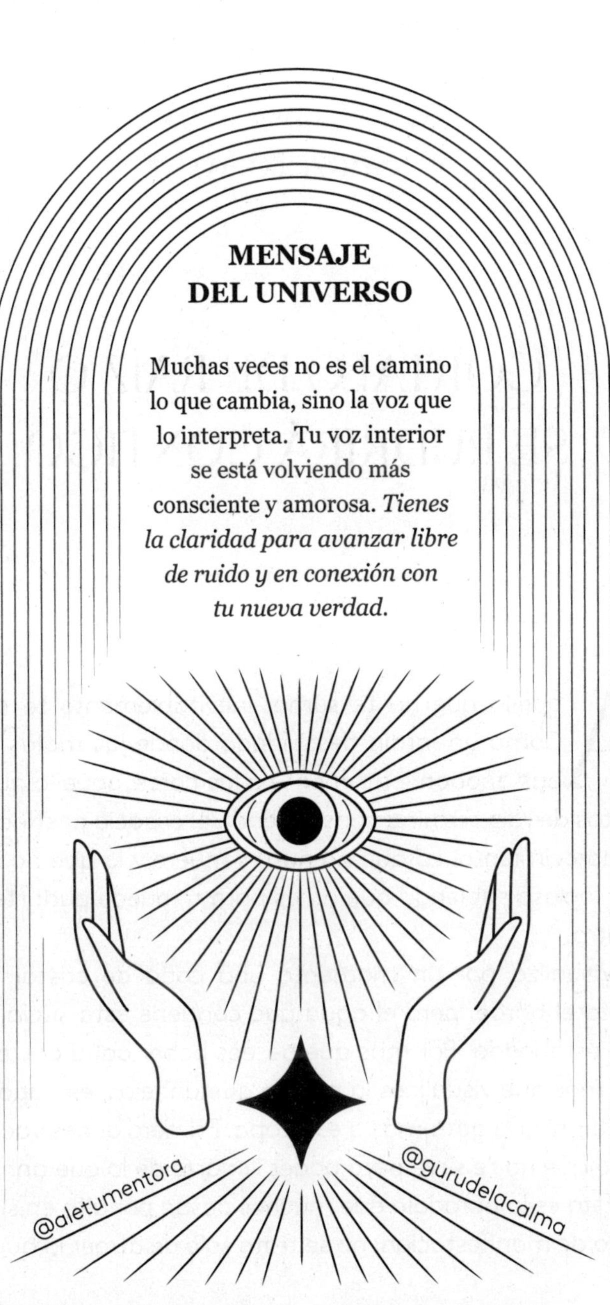
MENSAJE
DEL UNIVERSO
Muchas veces no es el camino lo que cambia, sino la voz que lo interpreta. Tu voz interior se está volviendo más consciente y amorosa. *Tienes la claridad para avanzar libre de ruido y en conexión con tu nueva verdad.*
@aletumentora
@gurudelacalma

## ✦ Secreto 19 ✦

# CÓRTALO DE RAÍZ O SE PUDRIRÁ CONTIGO

Aquello que no te suma, inevitablemente te resta. Como un jardín descuidado donde las malas hierbas ahogan lentamente a las flores, aquello que no cortas de raíz termina consumiendo el espacio destinado a tu florecimiento. Lo que no nutres muere y lo que no sueltas, incluso sabiendo que no es para ti, puede pudrirte por dentro.

Visualiza por un momento una copa de cristal llena hasta el borde, pero el agua que contiene está sucia, turbia, estancada. Por más que desees beber agua cristalina, por más que visualices la pureza que anhelas, es imposible añadir ni una gota más a esa copa. Primero debes vaciarte de lo que no te sirve para poder llenarte de lo que anhelas.

Esta es la paradoja que muchos pasan por alto en su camino de manifestación: no se trata solo de atraer lo que de-

> Basta una gota de cianuro para envenenar un vaso de agua.
>
> Ale

seas, sino de crear el espacio y las condiciones adecuadas para recibirlo. La abundancia no puede fluir hacia un lugar ya ocupado por escasez. El amor sano de pareja no puede habitar si te quedas guardando compromiso con una relación que sabes que es tóxica. El éxito no puede manifestarse mientras sigas aferrado a hábitos que te sabotean.

Hemos visto este patrón repetirse una y otra vez en nuestro trabajo: una empresaria brillante que no podía atraer clientes de alto nivel mientras su agenda estaba saturada de clientes que no valoraban su trabajo. Un artista talentoso que no podía crear su obra maestra porque su estudio estaba lleno de proyectos inconclusos que no se atrevía a abandonar. Una mujer extraordinaria que no podía encontrar el amor verdadero porque seguía alimentando relaciones que le hacían dudar de su valor.

La depuración no es una pérdida, es todo lo contrario. Cada «no» consciente, cada límite sano que estableces es una afirmación de que sabes lo que quieres y lo que no va en sintonía con ello. Cada vez que sueltas lo que no te sirve, estás diciendo al universo: «Sé lo que quiero y lo que elijo».

Piensa en tu clóset por un momento. Cada prenda que mantienes «por si acaso», cada pieza que ya no refleja quién eres o quién quieres ser, está ocupando el espacio físico de las prendas que sí harían sentir a tu alma éxito, poder y magnetismo. Y no se trata de cantidad, sino de calidad. Porque toda esa cantidad de prendas que no proyectan lo que tú quieres crear impiden que veas las que ya tienes que sí van en sintonía con tu visión. Esto va más allá de lo material; no significa que debes gastar el dinero que no tienes en un clóset que no puedas costear. En lo absoluto. Lo que quiere decir es que cada cosa que decides conservar debería estar en alineación con la persona que eliges ser y con la energía que deseas proyectar. Se trata de soltar lo que ya no te representa, para hacer espacio a lo que realmente resuena con tu esencia y tus metas.

Tu vida es como ese clóset. Está llena de relaciones, hábitos, creencias y patrones, algunos positivos para ti, que te sientan genial, y otros que alguna vez te sirvieron o que aceptaste por miedo, por costumbre o por creer que no merecías más.

La depuración debe ser integral. Todo lo que mantienes en tu vida, si ya no tiene un propósito o lugar, puede terminar afectando lo que realmente importa. Por ejemplo, la ropa que ya no usas o los objetos que solo ocupan espacio físico en tu casa sin ningún motivo o beneficio podrían estar impidiendo que disfrutes de un lugar más organizado y funcional.

Con las personas pasa lo mismo. Si sigues manteniendo relaciones que ya no te aportan, esas conexiones pueden terminar afectando el tiempo y la energía que podrías dedicar a quienes realmente valoras. Es como dejar fruta podrida junto a la fresca; lo que no dejas ir, puede terminar afectando lo demás.

En el día a día, los «sí» por compromiso pueden llenar tu tiempo con actividades que no te aportan y ocupan espacio que podrías dedicar a lo que realmente importa.

Incluso con la tecnología, mantener aplicaciones que no usas, notificaciones constantes o seguir cuentas que no te inspiran puede llenarte de ruido innecesario. Todo eso puede distraerte o quitarte tiempo y concentración para las cosas que sí te importan. Hábitos como revisar las redes sociales sin un propósito claro puede ocupar un lugar que podrías usar para algo que sí refleje lo que deseas en este momento, así sea descansar.

Lo mismo sucede con tus pensamientos. Si te aferras a ideas negativas o repetitivas, eso ocupa un lugar que podrías usar para dar espacio a que aparezcan soluciones o alternativas.

También puedes hacer depuración financiera al replantearte gastos innecesarios que sientes que no te aportan nada y cortar lo que genera estrés económico.

> Muchos le temen a la oscuridad de la noche. Yo la agradezco, porque gracias a ella podemos apreciar la luz de las estrellas.
>
> Emma

Y el concepto de depuración y limpieza también puede aplicarse a los alimentos y bebidas que consumes. Por ejemplo, si estás buscando cuidar tu salud, podrías considerar ir con un nutricionista para reestructurar tu dieta y reemplazar alimentos que no nutren tu cuerpo por otros ricos en nutrientes.

Hacer limpieza no es solo deshacerte de cosas, no es botar desde la ingratitud. Es agradecer lo que tuviste mientras fue positivo para ti, y cuidar el espacio que destinas para lo que realmente quieres conservar. Esto evita que lo que ha cumplido su ciclo termine dañando lo que se alinea con tu versión actual.

Hace un tiempo llegó a nosotras una persona brillante, alguien que a simple vista se notaba que era excelente en muchos aspectos. Con el tiempo fuimos testigos de algo que nos dejó sorprendidas. Esta persona tenía una amistad de muchos años que, a sus espaldas, hablaba mal de ella. A pesar de saberlo, no cortó esa relación porque valoraba los años compartidos y pensaba que podía manejar la situación.

Sin embargo, con el tiempo esa amistad tóxica comenzó a envenenar su entorno. Las palabras negativas y las alegaciones falsas de su supuesto amigo se filtraron en su círculo cercano, afectando su reputación y sus relaciones personales. Él, confiado en que las personas sabían que eso era falso, siguió haciendo espacio para relacionarse con esa persona. Con el tiempo, incluso algunos de sus clientes se alejaron, influenciados por esas mentiras. Cuando finalmente decidió cortar esa relación, ya era demasiado tarde. El daño estaba hecho.

¿Era justo? Para nada. Pero era lo que estaba sucediendo, y no actuar ni cortarlo de raíz no estaba logrando nada positivo. De esta experiencia aprendió una lección invaluable. Si sabes que algo o alguien no es positivo para ti y no lo cortas de raíz, puede terminar contaminando algo que sí valoras.

Pero atención, alma hermosa, porque cortar de raíz no significa entrar en conflicto ni enfrentamientos. Es el acto elegante y consciente de retirar el acceso a quienes, con sus acciones, se han ganado un lugar en el banco de suplentes.

Se trata de proteger tu espacio, tu energía y todo aquello que quieres conservar intacto.

No puedes abrazar tu nueva vida si te sigues aferrado a la antigua. Es como mantener limpia tu casa. No basta con hacer una única limpieza profunda y esperar que todo se mantenga perfecto por siempre. No dirías que, porque una vez has limpiado los pisos, no lo vas a hacer nunca más. Así como limpias tu casa regularmente, es crucial revisar y liberar lo que ya no te sirve, para mantener tu energía enfocada en lo que eliges manifestar. No se trata de llegar a un punto de perfección ni mucho menos caer en la obsesión, sino de hacer de la depuración un hábito natural en tu evolución.

Cada vez que sientas resistencia a soltar algo, pregúntate: ¿esto pertenece a mi pasado o se alinea con mi futuro? La respuesta marca la acción a tomar.

Alma hermosa, ha llegado el momento. Córtalo de raíz. Porque lo que no sueltas hoy se convertirá en el ancla que te impida volar mañana. Puedes crear una vida poderosa para ti, pero primero debes crear el espacio para construir tu nueva vida.

Y te dejamos una clave: para que sea más fácil cortar, es importante que reemplaces eso que dejas ir por algo que tenga un propósito o sume a tu vida. ¿Qué quiere decir esto? Si sientes que cortar cierta amistad que no es positiva te va a generar ansiedad o tristeza, asegúrate de hacer algo en los momentos en que usualmente estarías en compañía de ella, como anotarte a una clase de baile para conocer a nuevas personas. Esta es la diferencia entre ocupar espacios por miedo y nutrirte con lo que aporta a tu plenitud y crecimiento.

Si estás cortando algo como el hábito de fumar luego de comer, es crucial que reemplaces eso por otra cosa, para que no sientas un vacío, sino que puedas crear un nuevo patrón. Por ejemplo, puedes comprometerte a cada día, luego de comer, salir a dar un paseo o una caminata. Esa nueva actividad debe sentirse fácil, para que, con el tiempo, se convierta en algo automático para ti.

El acto de reemplazar no solo hace más fácil soltar, sino que asegura que ese vacío se nutra y beneficie con algo que aporte a tu bienestar.

## LLAVES DEL SECRETO

- **Si no depuras, lo innecesario puede destruir lo valioso.**
- **Ocupar un espacio con algo que no te suma hace difícil que llegue a ti lo que realmente deseas.**
- **Hay diferentes tipos de depuración para las diferentes áreas de tu vida.**
- **Una excelente forma de depurar es reemplazar una cosa por otra. Esto evita sentir un vacío al hacer esa necesaria limpieza.**

## ACTIVACIÓN DEL SECRETO

*Es momento de integrar esta sabiduría en tu experiencia.*

Tómate un momento para conectar contigo y reflexiona:

1. ¿Tienes relaciones que sientes que te desgastan o hábitos que ocupan tiempo que podrías usar para algo más significativo? Por ejemplo, vínculos en los que predominen las críticas o el hábito de revisar redes sociales sin un propósito claro.

________________________________________

________________________________________

________________________________________

2. ¿Hay objetos en tu casa que ya no representan quién eres o quién quieres ser? Quizás ropa que hace años no uses o papeles acumulados que solo generan desorden.

________________________________________

________________________________________

________________________________________

3. ¿Mantienes compromisos que aceptaste por culpa o por miedo? Como decir que sí a planes que no te entusiasman o seguir asumiendo responsabilidades que sabes que no te corresponden y podrías evitar. Ahora bien, esto no quiere decir que nunca tengas que hacer cosas que no te entusiasman, porque la vida es un balance. Pero sí puede ayudarte a identificar espacios en los que puedes tomar una decisión diferente.

________________________________________

________________________________________

________________________________________

4. Ahora elige un aspecto para depurar esta semana. Escoge algo sencillo, como limpiar un cajón, dejar de seguir cuentas que sientes que no te aportan y te llevan a sentirte mal, tomarte un momento para donar prendas que no van contigo o hacer un día de limpieza profunda del hogar. Cualquier acción de depuración o limpieza cuenta si va en sintonía con cómo te quieres sentir o lo que eliges manifestar. Aquí vas a escoger tu acción y, una vez realizada, vas a escribir cómo te hizo sentir llevar adelante ese acto de depuración.

______________________________________________

______________________________________________

______________________________________________

*Cuando liberas espacio con intención consciente, el universo, respetando sus tiempos y los tuyos, lo llena con algo que vibra en tu nueva frecuencia. Es ley.*

## MENSAJE DEL UNIVERSO

Nada que ya cumplió su ciclo puede dar calma cuando te aferras. Estás honrando tu presente al dejar espacio para tu paz; ahí es donde lo que anhelas tiene terreno suficiente para crecer.

# ✦ Secreto 20 ✦

# PIDE Y SE TE DARÁ

Ahora que has comenzado a hacer espacio en tu vida, a cortar de raíz lo que no aporta a la versión que estás construyendo de ti, es momento de aprender el arte sagrado de pedir con la energía correcta, para que esos espacios que has creado se llenen con ella. Pedir no debe confundirse con un acto de desesperación, porque cuando lo haces desde el merecimiento, es un acto de poder.

El merecimiento es el reconocimiento de que lo que deseas tiene un lugar legítimo en tu vida. Su raíz viene del latín y está conectada con la idea de recibir algo proporcional a lo que se ha dado o demostrado. No es mendigar, sino crear.

Cuando reconoces tu merecimiento, comienzas a verte y tratarte con el valor que ya tienes, sin depender de que otros lo validen. Eso te permite tomar decisiones alineadas con lo que realmente deseas recibir. Cuando no vemos lo que merecemos, muchas veces, sin darnos cuenta, nos quedamos en lugares donde nuestro talento y esfuerzo no son reconocidos, y eso no significa que no seamos valiosos, sino que estamos en el entorno equivocado.

> Cuando el pedir nace de la certeza, el recibir es inevitable.
>
> Emma

Un claro ejemplo de esto es el experimento de Joshua Bell en el metro de Nueva York. Bell, uno de los violinistas más virtuosos del mundo, tocó con su violín de 3.5 millones de dólares en una estación donde la mayoría de las personas no lo reconocieron ni valoraron su arte. Lo sorprendente es que apenas unos días antes, las mismas piezas interpretadas por él habían llenado el Boston Symphony Hall con entradas que costaban alrededor de 100 dólares cada una. En el metro pasó casi desapercibido y recaudó unos cuantos dólares en 45 minutos.

Este es un claro ejemplo de que, cuando no estás en el lugar correcto, el mundo no puede verte como realmente eres. No porque no tengas valor, sino porque el entorno en el que te encuentras no tiene la capacidad de reconocerlo. El talento de Bell no cambió, su valor tampoco, pero el contexto sí. El merecimiento no es solo cuestión de cuánto talento o esfuerzo pongas, sino de en qué espacios eliges colocarte. No puedes obligar a otros a valorarte, pero sí puedes elegir dónde invertir tu energía y con quién compartir tu talento.

Si sientes que no estás recibiendo lo que mereces, tal vez el problema no sea tu capacidad, sino el lugar donde intentas compartirla o mostrarla. Como Bell en el metro, puedes seguir tocando y esperar que alguien lo note, o puedes decidir posicionarte en un escenario donde tu valor sea reconocido y recompensado como corresponde.

Sin embargo, esto no significa que tengas que ser una persona que no tiene ni dudas ni miedos. Negarlos no es la solución. De hecho, lo mismo sucede con las creencias limitantes: no se transforman por hacer de cuenta que no existen. El primer paso para que no te dominen tus creencias limitantes o miedos es reconocerlos, observar cómo influyen en tu vida y cuestionar si tienen fundamentos sólidos. Admitir que tienes miedo o que algo te resulta difícil no te hace menos fuerte ni menos capaz. Por el contrario, es un acto de honestidad contigo que te permite liberar pensamientos que no van con tu situación actual. Además de esto, te permite prepararte para posibles escenarios y alternativas.

Mostrarte vulnerable frente a quienes confías es saludable y no te resta poder. Expresar tus miedos, compartir tus inseguridades o simplemente aceptar que no lo tienes todo resuelto es parte de tu experiencia humana. Esa vulnerabilidad no

### El labrador y sus hijos

*A punto de morir, un labrador llamó a sus hijos y les dijo:*

*—Hijos míos, antes de partir debo decirles algo importante: en nuestra viña hay escondido un gran tesoro. Búsquenlo con dedicación y lo encontrarán.*

*Después de la muerte de su padre, los hijos creyeron que se refería a oro enterrado. Con gran emoción, tomaron palas y azadas, y removieron profundamente toda la tierra de la viña, buscando el tesoro por cada rincón. No encontraron oro ni joyas, pero la viña, tan bien trabajada y removida, dio esa temporada la cosecha más abundante de su historia. Entonces comprendieron las sabias palabras de su padre: el tesoro había estado siempre ahí, en su capacidad de trabajar la tierra que ya poseían.*

*Moraleja: A veces buscamos fuera lo que ya tenemos: nuestras propias capacidades y recursos son nuestro verdadero tesoro.*

Esopo

te aleja del merecimiento; al contrario, te permite depurar miedos irracionales o sin fundamento y, una vez abordadas las dudas o cuestionamientos internos, te brinda el espacio necesario para percibirte como la persona resolutiva que eres.

Merecer no es exigir desde el capricho o esperar que todo llegue sin poner tu parte. Es abrirte a la posibilidad de recibir, desde el reconocimiento de que lo que deseas tiene un lugar legítimo en tu vida.

Es muy importante que las palabras que escojas reflejen ese merecimiento. Esto aplica para tus diálogos internos y los que tienes con otras personas. Las palabras que usas no solo expresan lo que piensas: también activan conexiones específicas en tu cerebro que influyen en tus emociones, decisiones y comportamientos. ¿Ya ves cómo todo está conectado? Desde la neurociencia se sabe que las frases que utilizas están directamente relacionadas con cómo procesas la realidad y llevan a que actúes en consecuencia.

Cuando usas frases como «Ojalá pueda lograrlo» o «Espero que algo bueno pase», estás, sin saberlo, activando redes neuronales asociadas con la incertidumbre y el estrés. Diversos estudios sobre la neuroplasticidad han demostrado que, con la repetición, esto crea patrones de pensamiento que influyen en tu percepción de lo que es posible. Por ejemplo, si constantemente te expresas en términos de duda, tu cerebro prioriza las señales de amenaza o incertidumbre, bloqueando la motivación para actuar hacia tus metas.

El lenguaje que utilizas para expresar tus deseos tiene un impacto directo en cómo tu mente interpreta y actúa sobre ellos, pues las palabras que escoges guardan información inconsciente de cómo ves el mundo. Las palabras no solo comunican lo que quieres, sino que también influyen en cómo organizas tus pensamientos y enfocas tu energía hacia tus metas.

Por ejemplo, cuando dices «Voy a iniciar ese proyecto este miércoles después del trabajo» en lugar de «Espero encontrar tiempo para hacerlo», tu mente recibe un mensaje claro y accionable. Este tipo de declaraciones te ayudan a crear un enfoque más preciso y a dirigir tu atención hacia lo que realmente importa: soluciones, acciones concretas y una visión de poder personal. Vuelve a leer los dos ejemplos de este párrafo y vas a encontrar la diferencia: mientras que la primera frase habla de la capacidad de decidir, la segunda habla de que el entorno y las situaciones externas tienen control sobre ti.

Por eso elegir conscientemente tus palabras es una herramienta práctica para transformar intenciones en pasos concretos y acercarte a lo que realmente deseas.

Te vamos a compartir los cuatro aciertos al pedir para que tu poder de manifestación sea más poderoso. Hay un enorme magnetismo detrás de decretar desde tu merecimiento. Está de más decir que hemos caído repetidas veces en cuatro errores que impiden a una persona manifestar. Esto nos llevó a realizar los ajustes necesarios para transformarlos en poder. Hemos experimentado el cambio que genera saber decretar desde el merecimiento, por lo que sabemos que reconocerlos te va a permitir potenciar tu capacidad de manifestar lo que eliges en tu vida.

Muchas personas cometen el error de pedir desde la carencia o la desesperación. Frases como «No quiero más problemas» enfocan su mente en lo que no quieren, no en lo que realmente desean.

Por lo tanto, el primer gran acierto es decretar desde lo positivo, poniendo el foco en lo que sí eliges construir o atraer. Por ejemplo, si tu objetivo es salir de deudas, puedes decir «Estoy construyendo mi estabilidad financiera y una relación saludable con el dinero con cada decisión y acción que tomo». En lugar de afirmar que avanzas poquito a poquito, decreta que estás avanzando a tu ritmo, con confianza y alegría. De este modo, en lugar de limitarte a un progreso lento, si tu ser está listo para ir a un ritmo acelerado, vas a poder hacerlo. Si eliges manifestar dinero, decreta con confianza que el dinero te ama y que siempre hay dinero en tu cuenta, que siempre hay comida para ti y tu familia, y que siempre tienes más dinero del que necesitas. Decreta que el dinero llega a ti con facilidad, alegría y que tienes la mejor relación con él.

> La vida responde a quien actúa con certeza, no a quien suplica. Brilla sin pedir permiso: la naturaleza jamás se disculpa por su esplendor.
>
> Ale

Decretar desde lo positivo crea un círculo virtuoso que refuerza y potencia tus posibilidades de acción.

El segundo gran acierto es reflexionar sobre cuáles son las cosas importantes para ti. Cuando sueñas con algo, eliges comprometerte con la inversión que eso implica de tiempo, energía, dinero o recursos. Por ejemplo, si dices «Elijo graduarme en medicina», significa que te comprometes contigo a cursar esa carrera, a dedicarle horas a tu práctica y todo lo que eso implica. Cuando eliges tener un cuerpo más saludable, sabes que supone cambiar ciertos hábitos, como replantearte tu alimentación o tu rutina de actividad física. Antes de decretar algo, hazte estas dos preguntas clave:

- ¿Para qué lo quiero?
- ¿Me comprometo a hacerlo realidad?

Si no tienes una respuesta clara, puede que ese deseo no esté realmente alineado con lo que deseas o consideras importante en esta etapa de tu vida. Hacerte esta pregunta te permite distinguir entre lo que en realidad quieres, evitando que te dejes llevar por deseos vagos o que no tienen la suficiente intensidad como para que elijas concretarlo. Porque sí, hay cosas que puedes querer momentáneamente, pero eso no significa que sea algo con lo que elijas comprometerte. Esta pregunta te ayuda a evaluar si es un deseo auténtico. Si no tienes intención de encauzar tu energía, recursos, tiempo o dinero en ello, tal vez sea momento de replantear ese deseo, para elegir algo que realmente resuene contigo.

El tercer gran acierto es decretar con claridad sobre lo que eliges y sobre los tiempos que eliges. Esto significa decretar de forma específica y concreta. Decir frases como «Quisiera que las cosas mejoraran» u «Ojalá tenga más tiempo» no da dirección ni a tus pensamientos ni a tus acciones porque guardan mucha ambigüedad. Si, digamos, decides manifestar una mejor situación en torno a tu salud, en lugar de decir frases como «Quisiera salud» puedes decir algo como: «Mi salud mejora cada día, estoy sanando a mi ritmo y escuchando a mi cuerpo y sus necesidades». Y aquí aclaras qué de tu salud mejora, porque no es lo mismo una persona que se ha quebrado un pie a una que quiere mejorar sus análisis de sangre, ¿verdad? Si es tu pie, puedes decir: «Mi pie se recupera más y más en cada instante, me visualizo sana y eso me da mucha felicidad. Mi pie está sanando y puedo sentirlo completamente sanado aquí y ahora».

### La vasija agrietada

*Una anciana llevaba agua desde el río todos los días con dos vasijas colgadas en un palo sobre los hombros. Una de ellas tenía una grieta, y al llegar a casa siempre estaba medio vacía. Un día, la vasija agrietada, avergonzada, dijo:*

*—Perdóname, soy inútil. No logro conservar toda el agua.*

*La anciana sonrió:*

*—¿No has notado las flores del camino de tu lado? Planté semillas allí, y tú las has regado cada día sin saberlo. Has embellecido el camino con tu «imperfección».*

*Moraleja: A veces, lo que creemos que nos limita es precisamente lo que nos hace valiosos.*

**Fábula popular india**

Si no defines ni especificas lo que quieres, tal vez caigas en el peligro de conformarte en lugar de construir, o quedarte esperando a que las cosas se den sin activar tu capacidad de crear los resultados que deseas. Y sí, puede que a la larga recibas algo bueno, pero no lo suficientemente bueno como lo que en verdad deseas. Piénsalo por un momento: es como ver un conjunto en una tienda e ir a pedirlo. De repente, le dices a la persona que te atiende que quieres lo que has visto en la vidriera. Ella te dice que viene en nueve colores y seis tallas. Tú le dices «Tráigame uno en un color que ojalá me guste y en una talla que quisiera que me sentara bien. Envuélvalo para llevar». Ella hace su mejor esfuerzo, pero al llegar a tu hogar notas que es un color que no te gusta y una talla que te queda demasiado pequeña para poderlo usar. Así sucede con los pedidos al universo hechos desde la ambigüedad. Esto se hubiera solucionado si hubieras dicho, por ejemplo, «Lo quiero en el color que tiene en la vidriera y mi talla es M; de todos modos me lo voy a probar».

El cuarto gran acierto es decretar desde tu soberanía y merecimiento. Esto evita que creas que estás a merced de otros, ya sea el gobierno, una pareja, una alta tasa de criminalidad, o cualquier factor externo que te deje con una sensación de carecer de control o poder.

Lo que sucedió en tu pasado puede ser extremadamente real, y tu dolor completamente válido, pero con frecuencia esa visión nubla tu capacidad de ofrecerte seguridad o encontrar alternativas. Tampoco te permite reconocer todo lo que has crecido y el poder personal que has ganado. La falta de soberanía puede llevarte a percibir el mundo con inseguridad y miedo, y a encontrarte en situaciones que refuercen la sensación de no tener control. Pero la gran verdad es que tienes un poder mucho más grande del que imaginas.

Decretar desde tu soberanía no significa ignorar lo que sucedió o tu contexto, sino aceptar que, aunque no puedes cambiar el pasado, sí puedes influir en cómo respondes a quien te dices que eres y a las posibilidades que tienes hoy. Este proceso requiere amor y apertura, y es esencial para recuperar el control. Es avanzar hacia un lugar de mayor fortaleza y claridad, donde te reconoces como la persona que tiene poder sobre tu vida. Cuando dejas de percibirte como una víctima de tu pasado, comienzas a convertirte en la persona creadora de tu presente. Frente en alto, alma hermosa, no hay nada de lo que te tengas que avergonzar ni mal por el que tengas que pagar cien años.

El cuarto acierto es el que a menudo más cuesta aceptar. Tal vez porque puede haber una parte de nosotros que espera escuchar que lo que nos sucedió es real y lo que sentimos es válido, y mientras tanto, nos apegamos a esta postura, a la espera de que nos digan «Eso fue injusto», «Eso no estuvo bien» o «Lo siento». Lo que sea que sientas, no necesitas de nadie que venga a validarlo. No permitas que el pasado o las oportunidades que te faltaron tengan ahora poder absoluto sobre tu presente o tu futuro. Hoy tienes un gran poder en ti.

Muchos hemos caído en decir cosas como «Es que nadie me ayuda» o «¿Por qué esto siempre me sucede a mí?». Si algo de esto te choca, no te preocupes, a nosotras nos chocó muchísimo al principio. Dicen que aquello que más te molesta tiene mucho que ver con lo que te niegas a admitir o reconocer en ti. Pero la buena noticia es que cuando dejas de negarlo, eso comienza a dar espacio a un profundo aprendizaje. La humildad, al igual que la compasión, es una llave maestra, alma hermosa.

Tomar una actitud de apertura a reconocer tu poder puede hacer que comiences a ver oportunidades y personas valiosas en lugar de situaciones que te lleven a sentir que estás a merced de las circunstancias.

En lugar de «Ojalá alguien me ayude», puedes decir que estás escogiendo encontrar esos recursos que te permiten crecer en tu presente. O, en lugar de frases como «Si tan solo las cosas cambiaran», di: «Estoy construyendo el cambio que elijo en mi vida. Se presentan en mi vida, en mi presente, las personas, situaciones y herramientas que me permiten crear el cambio que elijo». Puedes influir en tu realidad tomando decisiones y acciones concretas que te acerquen a tus metas.

Para resumir, pedir desde tu soberanía es reconocer que tienes un enorme poder y que no te falta nada. No es suplicar: es declarar desde la claridad de saber lo que mereces. Es hablarle al universo sin miedo ni dudas, sabiendo que tus deseos no son caprichos, sino expresiones del camino que marca tu alma. Desde tu soberanía, ya no buscas que algo externo te salve; eliges desde tu poder, con confianza, con presencia, con propósito.

Esta postura transforma la manera en que pides y te conecta con un enfoque más claro y empoderador. Deja de ser un pedir y se convierte, de hecho, en la acción de decretar. El poder personal es algo que liberas cuando remueves las capas de duda y falta de merecimiento.

El lenguaje que utilizas al decretar es clave porque, o refuerza tu poder personal, o debilita tu capacidad de manifestar lo que escoges. Las palabras que utilizas son un reflejo de tu filtro interior, de tus pensamientos y emociones. Como en la vida, no se trata de ir a extremos; tú decides qué tomas y qué dejas, pero vamos a compartirte el fundamento detrás de ciertas frases que pueden debilitar tu intención y cómo puedes transformarlas para pedir con mayor claridad y potenciar tu poder personal. Es importante que, sobre todo, apliques esto a lo que respecta a tus metas, objetivos y sueños.

### El río que pedía lluvia

*Un río atravesaba tiempos de sequía y sus aguas apenas podían fluir. Día y noche pedía al cielo que enviara lluvia para llenar su cauce. Mientras imploraba, no se daba cuenta de que la nieve en las montañas cercanas ya se derretía y poco a poco le enviaba el agua que necesitaba. Su deseo ya estaba siendo respondido, pero no lo veía porque solo esperaba una solución en la forma que él había imaginado.*

*Moraleja: A veces lo que pedimos ya está en camino, aunque no lo reconozcamos. Confía en que la ayuda puede llegar de formas inesperadas.*

Cuento sufí

- ✦ **Evita decir «poco a poco» o «poquito a poco»**

  Las frases de este estilo proyectan lentitud o una expectativa de progreso limitado. En lugar de decir «Poco a poco voy avanzando», puedes decir: «Estoy avanzando con seguridad» o «Paso a paso». Esto genera una imagen de progreso constante y confianza. De este modo, no estás limitando la magnitud de los pasos.

- ✦ **Evita decir «ojalá» o «me gustaría»**

  Estas expresiones dejan mucho al azar y reflejan desconexión con tu poder personal. Puedes reemplazar frases como «Ojalá lo logre» por «Estoy enfocándome en lograrlo» o «Estoy haciendo todo a mi alcance para hacerlo una realidad». De este modo, refuerzas tu capacidad de construir lo que eliges, tu determinación y compromiso con tus metas y objetivos.

- ✦ **Evita decir «quiero»**

  El deseo es el primer paso, pero quedarse en el «quiero» puede implicar que lo que buscas está lejos de ti. Cambiar «Quiero alcanzar este objetivo» por «Elijo alcanzar este objetivo» puede generar un gran cambio de paradigma en tu interior. Elegir implica decisión, intención y sobre todo, poder. De «Quiero construir un imperio millonario» a «Elijo crear un imperio millonario» hay un cambio de perspectiva sutil, pero que puede generar un impacto muy grande.

Desde la perspectiva cabalística, las palabras que usas tienen un poder energético y creativo que impacta directamente tu realidad. En este contexto, la palabra *quiero* implica carencia o falta. Al decir «quiero» reconoces que no tienes algo. Probablemente no digas «Quiero un helado de fresa» si ya tienes un helado de fresa en las manos, ¿verdad?

Por otro lado, la palabra *elijo* te conecta con el acto de escoger y con tu poder interno. Al decir «elijo» estás tomando una decisión consciente y activa, reconociendo que tienes el poder de cocrear tu realidad. En lugar de enfocarte en lo que no tienes, te alineas con una intención clara y empoderada.

Elegir palabras como *elijo* en lugar de «quiero» puede ser el primer paso a crear un cambio de mentalidad donde reconoces que tienes el poder de crear.

### ✦ Evita decir «tengo que»

Esta frase puede sentirse como una obligación, generando resistencia. Es muy común en compromisos y en el área laboral. Sobre todo en ámbitos donde sientes que tienes que hacer algo para permanecer en donde estás o para evitar conflicto. En lugar de «Tengo que hacer este reporte», puedes optar por decir: «Voy a hacer este reporte» o «Estoy haciendo este reporte». Así transformas la obligación en elección consciente. Esto no quiere decir que no sea importante que hagas ese reporte o que no haya repercusiones si no lo haces. Lo que significa es que has medido las consecuencias, y eliges hacerlo porque, de forma consciente, has puesto en una balanza las diferentes alternativas. Además, al analizar de forma consciente cada vez que te encuentras diciéndote que «tienes que», te permite reconocer cuándo esos «tienes que» son presiones sociales a las que ya no eliges ceder. Por ejemplo, ayudar a personas que sabes que no te agradecen jamás por lo que haces, y que cuando las necesitas no están ahí para ti.

### ✦ Evita decir «que valga la pena»

Esta expresión puede conectar con una idea de sacrificio y tristeza, como si algo debiera costarte para ser valioso. Puedes reemplazarla por «Esto lo vale», «Sé que lo vale», o puedes ir a algo más específico y decir que algo vale tu tiempo, tu dedicación, cada centavo invertido, etc. Pero evita decir que algo vale tu pena o sacrificio para no llamar a ese tipo de transacciones, donde tú aportas tu sufrimiento para recibir algo a cambio.

### ✦ Evita decir «voy a intentarlo»

Decir «intentar» deja espacio para el fracaso antes de actuar. Esto además debilita tu posibilidad de ver más allá de fracaso y victoria. Dependiendo de la situación, podrías reemplazarlo por no decir nada al respecto, o por frases como «Estoy dando lo mejor de mí» o «Estoy haciéndolo». Esta nueva perspectiva refleja compromiso y convicción con tu objetivo. Claro, recuerda no caer en extremos. Habrá veces donde tal vez algo no te interese demasiado o no implique un mayor compromiso; en esos casos es prudente decir «Lo voy a intentar». En situaciones donde te quieres desligar en cierto modo del resultado, decir «Lo voy a intentar» podría llegar a ser una opción para no asumir la responsabilidad del resultado.

Evitar ciertas expresiones no es simplemente cuestión de semántica: es un ejercicio de reprogramación mental. Las palabras que eliges refuerzan creencias. Cambiar tu lenguaje es un paso clave para alinear tus pensamientos, emociones y acciones con lo que realmente eliges manifestar. Cuando transformas estas frases, alineas tu lenguaje con tu poder personal. Recuerda, lo que dices no solo comunica tus deseos: también dirige tus acciones y moldea tu realidad.

## LLAVES DEL SECRETO

- El merecimiento es el reconocimiento de que lo que deseas tiene un lugar legítimo en tu vida.
- Cuando pides desde el merecimiento, pasa a ser, en lugar de un simple pedido, un decreto.
- Los cuatro grandes aciertos son decretar desde lo positivo, poniendo el foco en lo que en verdad es importante para ti, con claridad y desde tu soberanía.
- Lo que te dices con frecuencia, reprograma tu mente.
- El lenguaje que usas al pedir construye o derrumba la relación con tu propio merecimiento y soberanía.

## ACTIVACIÓN DEL SECRETO

*Es momento de integrar esta sabiduría en tu experiencia.*

1. ¿Hay alguno de los cuatro aciertos que notes al pedir que no has tenido en consideración en el pasado? Te recomendamos escuchar tu diálogo interno y tus conversaciones con otros a lo largo de un día completo para verlo con mayor claridad.

___

___

___

2. Si notaste que es momento de fortalecer alguno de los cuatro aciertos, escribe aquí qué puedes hacer al respecto a partir de hoy.

___

___

___

3. ¿Qué pequeña acción puedes llevar a cabo hoy mismo para conectar con tu merecimiento y tu poder personal?

___

___

___

4. A continuación tienes un ejercicio muy simple y poderoso para activar tu merecimiento y magnetismo. Te tomará un promedio de cinco minutos y es perfecto para empezar el día, aunque puedes hacerlo en cualquier momento que escojas.

a) Ponte de pie, preferiblemente sin calzado. Coloca los pies firmes en el suelo y relaja los brazos. Respira hondo tres veces.

b) Estando de pie, adopta la postura del merecimiento. Párate como lo haría tu mejor versión: mirada al frente, pecho abierto, hombros hacia atrás, columna erguida y una sutil sonrisa que irradie confianza y seguridad. Siente cómo esa postura eleva tu autoestima. De este modo, estás encarnando tu mejor versión aquí y ahora.

c) Flexiona los codos ligeramente y lleva las palmas hacia arriba, apuntando hacia el cielo, tal como si fueras a recibir algo en cada mano. Si estás haciendo este ejercicio con alguien, les recomendamos tomarse de las manos en este momento.

d) Dibuja una sonrisa en tu rostro, y cuando sientas que es sonrisa honesta y no forzada, di en voz alta o susurrando (pero no mentalmente): «Me permito brillar, me permito que me vean. Siento orgullo de ser quien soy, me muestro con seguridad y actúo con confianza en mí». Te recomendamos repetir ese decreto un par de veces, hasta que sientas que está despertando una chispa interior de merecimiento y magnetismo. Luego toma nota de lo que sentiste o escribe algo que quieras recordar. Unas palabras son suficientes.

________________________________________________

________________________________________________

________________________________________________

________________________________________________

*Este ejercicio que acabamos de darte es uno que diseñamos hace tiempo y que incluso compartimos en diversos eventos con personas talentosísimas. Cada vez que Ale y yo guiamos este ejercicio, se siente sumamente poderoso. Si lo haces con conciencia, puede animarte a ir por cosas que no sentías que podías lograr, quizá cosas que tenías miedo de hacer o que sientes que son muy grandes para ti. Es posible si te mueves desde tu soberanía, decretando que lo mereces, en lugar de esperar a que otros te digan que lo vales o que puedes hacerlo. No necesitas que nadie te recuerde aquello de lo que eres capaz, alma hermosa. Puedes repetir este ejercicio siempre que lo sientas.*

## MENSAJE DEL UNIVERSO

Tus palabras son llaves: abren o cierran. No hay jaula cuando recuerdas que eres tu propio gurú. *Estás decretando desde el merecimiento* y eso abre las puertas que deseas.

## ✦ Secreto 21 ✦

# NO TE OBSESIONES

Existe una paradoja fascinante en el camino de la manifestación: mientras más te obsesionas con un resultado, más te alejas de él. Imagina esto por un momento: estás frente a una fuente y quieres beber de ella. No hay vasos cerca ni ninguna otra cosa que puedas utilizar. No puedes beber directo de ella porque el espacio no lo permite. Lo único que puedes utilizar son las manos. Introduces la mano en la fuente; el agua se ve tan cristalina que quieres beberla ya mismo. En el afán de tomar más agua en menos tiempo, cierras el puño con todas tus fuerzas. Al llegar a la boca, notas que toda el agua se ha escurrido entre los dedos. Vuelves a intentar, y nuevamente, cuando estás a punto de beber, te da tanto miedo de que el agua no llegue que nuevamente cierras el puño con fuerza. Lo haces una vez más y vuelve a suceder lo mismo, hasta que notas que, si distiendes un poco la mano, abriéndola suavemente, el agua naturalmente se coloca en el espacio que has creado. Notas que caen algunas gotas, pero la mayor cantidad, lejos de escaparse, permanece ahí, permitiendo que finalmente bebas y calmes tu sed. Empeñarse en no perder ninguna gota puede ser el error que haga que pierdas el sorbo de agua completo. Lo mismo aplica en la vida. Obsesionarte puede ser el error que te impida ver más allá, porque tu mente puede forzar tanto las cosas que termine quitándole su lugar a lo que eliges manifestar. Todo lo que está en sintonía con el universo fluye, no fuerza... Las flores no se obsesionan con florecer.

> Obsesionarte por lo que no puedes controlar es intentar cambiar el final de una novela que ya ha sido escrita.
>
> Emma

Hay cuatro grandes asesinos de la manifestación que debes conocer y evitar. Los vamos a detallar uno por uno, para que no caigas en sus trampas.

El primer enemigo de la manifestación, y quizá el más letal, es el control obsesivo en cada detalle. Es esa necesidad compulsiva de supervisar hasta el más insignificante de los detalles, forzar cada resultado. Querer dirigir cada parte del *cómo* de tu manifestación le abre la puerta al desgaste, al agotamiento extremo y a la falta de confianza. Cuando te aferras al control total, es tu miedo el que está al volante, no tu poder. Es como intentar dirigir el flujo de un río con las manos: lo único que logras es cansarte y frustarte.

Imagina que estás organizando una fiesta en tu casa. Has planeado durante horas cada detalle: desde la decoración hasta la música, incluso el orden en el que llegarán los invitados y dónde se van a sentar. Pero, apenas comienza la noche, alguien trae un platillo adicional con un plato cuyo color desentona con tu decoración, otro cambia el orden de la lista de canciones, algunos llegan a deshora y un grupo de personas decide ir al balcón a contemplar la vista en lugar sentarse en la mesa donde su nombre está marcado con tanto cuidado.

En lugar de disfrutar, pasas varias horas de la velada corriendo detrás de cada detalle, tratando de arreglar todo para que sea «perfecto». Sientes tanta frustración que te sientas por un momento a recuperar el aliento. Milagrosamente comienzas a mirar alrededor... y de repente te das cuenta de que tienes dos opciones. La primera es seguir forzando las cosas para que sean idénticas a la imagen mental que habías creado de cómo sería ese momento. La segunda es reconocer que todos lo están pasando bien y que aún estás a tiempo de lograr el objetivo: brindar una velada amena y compartir con tus seres queridos. Aunque se ve diferente de la fiesta que planeaste, tienes en ti la posibilidad de soltar y lograr el objetivo o forzar y hacer que se pierda. El mensaje es que, como en esa fiesta, la vida fluye mejor cuando mantienes el balance perfecto entre tus objetivos y la espontaneidad o el fluir de las cosas. Intentar controlar cada mínimo detalle puede llevarte a sentir mucha frustración, porque no da espacio a la mirada más grande, que es donde está lo que en verdad te importa.

El segundo enemigo de la manifestación es la duda corrosiva. Esos pensamientos constantes cuestionando si puedes lograrlo, si es posible, si eres capaz, si lo mereces o si va a salir bien. Ese incesante cuestionamiento de tus capacidades emite una frecuencia de incredulidad al universo. El universo no puede entregarte algo que tú dudas merecer, alma hermosa. Es una ley tan simple como implacable: tu realidad exterior refleja tus creencias interiores. Si notas que caes en este patrón, puedes decirte frases como «Tengo la bendición para hacerlo, cada paso que doy honra quien soy y a mis ancestros», «Tengo permiso y bendición divina para manifestar mis metas», «Estoy aquí por un motivo, aprendo con cada paso que doy y todo sucede por algo», «Al hacer lo que elijo hacer, estoy brindando al mundo lo que necesita», «Me permito que me vean, me permito brillar».

El tercero es la impaciencia destructiva. Vivimos en la era del «todo ya», donde todo lo que deseas en general, llega al instante o en cuestión de días. Piensa tan solo en las aplicaciones de citas. Con solo deslizar un dedo puedes conectar con una persona, sin haberla conocido a la antigua. O si quieres investigar sobre un tema, ya no tienes que esperar que tu biblioteca más cercana esté abierta, ir hasta allí, preguntar qué libros hay disponibles sobre el tema que te interesa y ponerte a hojearlos uno por uno para ver con cuál te quedas. Hoy en día hay miles de buscadores y bibliotecas *online*.

Es genial que haya tantas cosas a tu disposición, pero esta mentalidad puede ser tu peor enemiga en el camino de la manifestación consciente. La impaciencia es una forma de resistencia, una negación del tiempo divino. Es como abrir el horno constantemente para ver si el pastel de cumpleaños ya está listo. Quienes saben de respostería son conscientes de que, en lugar de acelerar el proceso, se arriesgan a que el pastel se apelmace, por lo que en lugar de cocerse bien, termina arruinado.

Y el cuarto enemigo es creer que más esfuerzo significa más resultados; pensar que si no estás constantemente haciendo algo, tu manifestación no ocurrirá. Esto puede llevarte a trabajar en exceso de forma innecesaria, agotarte emocionalmente o perder el equilibrio en otras áreas de tu vida. El constante exceso de esfuerzo genera agotamiento y, a menudo, desconexión con la energía auténtica de lo que mereces y deseas. No siempre más es más. En lugar de moverte desde la ansiedad o la obligación, actúa, siempre que te sea posible, desde la inspiración y el disfrute. Da pasos concretos, pero deja espacio para el descanso y la receptividad. Como decía el gran Picasso, la inspiración existe, pero tiene que encontrarte trabajando. A esto le sumamos que para que logres escuchar esa inspiración debes crear espacios de silencio, disfrute y recuperación. La inspiración les habla más claro a las mentes frescas, y esto se logra con momentos de distensión.

La obsesión es la resistencia o el miedo disfrazándose de determinación. Es la mente intentando controlar lo incontrolable. Y, sobre todo, es una clara señal de que has perdido contacto con la esencia de la acción consciente: se trata de construir con tus acciones de hoy el presente que sueñas, recordando que todo lo que haces hoy construye tu futuro, pero que no se trata solo de llegar a la meta, sino de disfrutar y vivir cada etapa de tu proceso.

La acción consciente, la cuarta fase de Desata tu Magnetismo, no habla de hacer más, sino de hacer inteligentemente. No es sobre la cantidad de esfuerzo, sino de actuar estratégicamente. Es el arte de moverse en perfecta sincronía con lo que tienes a tu disposición y con tus metas, ni forzando ni resistiendo.

La diferencia entre la acción consciente y la acción obsesiva es tan profunda como sutil:

- La acción consciente nace de la inspiración; la obsesiva, del miedo.
- La acción consciente te energiza; la obsesiva te agota.
- La acción consciente fluye; la obsesiva frena y bloquea.
- La acción consciente da lo mejor de sí y confía; la obsesiva duda y controla.
- La acción consciente suelta; la obsesiva se aferra.

Hemos visto innumerables veces cómo la obsesión puede sabotear incluso a quienes más anhelan alcanzar sus sueños. Una emprendedora que revisa su teléfono cada cinco minutos esperando respuestas; un artista que reescribe el mismo párrafo mil veces buscando la perfección; un buscador de empleo que acosa a los reclutadores con seguimientos diarios.

Sin ir más lejos, algo que vemos repetirse constantemente en las personas que llegan a nosotras buscando guía y mentoría es la obsesión por lograr un resultado perfecto con el primer intento.

Muchas personas alimentan sus miedos sin saberlo al buscar la perfección inmediata. Posponen así indefinidamente su primer video o publicación, el cierre de su primer cliente, la apertura de su nueva tienda, la delegación de sus tiendas actuales. Las situaciones son distintas, pero la traba es la misma: el deseo de que eso que hacen sea perfecto.

La realidad es que tendrás que repetir muchas veces una acción para que se sienta natural o fluida. O quizá debas supervisar al nuevo gerente de tu tienda y capacitarlo hasta que entienda la dinámica del lugar. Tal vez, en tu relación de pareja, necesites tener varias conversaciones honestas hasta que ambos logren comprender las necesidades y expectativas del otro. Es en la repetición, con la práctica, donde se construye el aprendizaje y la evolución.

Y sabemos exactamente cómo se siente desear que algo salga perfecto. Hay algo del concepto de perfección que nos lleva a sentir que al lograrla vamos a estar a salvo. Pero

> Quien no valora lo que tiene por desear lo que le falta, se condena a perder ambas cosas.
>
> Ale

piensa por un momento que estás viendo a un niño aprendiendo a dar sus primeros pasos. Lo ves tambalearse, caer, intentarlo de nuevo. No se detiene a cuestionar si lo está haciendo perfecto. Sin apuro por el tiempo ni los días, simplemente se levanta y sigue probando. No es una meta o un objetivo: es una exploración de sus capacidades y de las posibilidades. Con cada intento va a ir probando algo nuevo hasta encontrar el movimiento y el equilibrio perfectos.

Ese proceso de caídas y levantadas no es un fracaso: es parte del aprendizaje del niño. Hasta que un día, casi sin darse cuenta, caminar se vuelve natural para él, algo que hace con confianza y sin esfuerzo. Así es como funcionan también la práctica y la constancia en tu vida. Cada acción consciente, sin importar cómo salga, te prepara para manifestar aquello que buscas, paso a paso.

Te compartimos una anécdota personal, algo que al día de hoy recordamos nítidamente: nuestros primeros videos en redes sociales. Eran terribles, pero era como mejor podíamos hacerlos. Si bien la información que compartíamos era muy buena, la iluminación era pésima, el sonido también, y teníamos que hacer muchas tomas para finalmente lograr decir todo en menos de 15 segundos. Pero, ¿sabes qué? Esos videos horribles fueron el primer paso hacia donde estamos hoy. Fue necesario, aprendimos muchísimo. Y nos fortalecimos también. Y esa es la verdad que nadie te dice: tal vez tu primer intento sea muy diferente de lo que pensabas, y está bien que así sea... es parte del proceso. Lo importante no es empezar con la expectativa de que todo sea perfecto; es empezar. Cada paso será mejor que el anterior si no te lo tomas como una carrera. A la larga te dará más confianza y te acercará más a tu verdadera voz. Hoy, gracias a que nos atrevimos a ser imperfectas, hemos podido impactar la vida de millones de personas. Y todo comenzó con ese primer paso.

Nuestro método te ayuda a acelerar tu manifestación, pero siempre en perfecta sintonía con el tiempo divino. No hay nada que en verdad pueda forzar el tiempo divino, nada puede escapar de él. Hay una verdad que pocos comprenden: lo que a veces percibes como un «retraso», muchas veces es, en realidad, una forma de protección o de preparación.

El universo responde a tus peticiones de diferentes maneras, siempre en su tiempo perfecto. Estas respuestas casi siempre entran en una de estas tres categorías:

### 1. «Sí, considéralo hecho»

Esto significa que tu manifestación ya está en camino hacia ti y la estás sintiendo llegar. Todo se está alineando de manera natural para que recibas lo que pediste. Aquí, la confianza es clave: continúa poniendo de tu parte, con acciones conscientes y alineadas con eso que eliges manifestar.

## 2. «Todavía no»

La diferencia con el «sí» es que esta respuesta implica un poco más de fe y de introspección. Esto no quiere decir que no, sino que necesitas hacer, cambiar o reconocer algo antes de recibir lo que eliges manifestar. El universo te protege. Quizá debas aprender una lección, desarrollar una habilidad, soltar algo que ya no te sirve o simplemente permitir que las condiciones se alineen. Este «todavía no» no es un rechazo, sino una oportunidad de preparación, ya que, si no tomas eso en consideración, es probable que al recibir lo que eliges manifestar, no sepas cómo conservarlo en tu vida.

Te vamos a dar un ejemplo muy claro: muchas personas quieren ganar la lotería, pero muy pocas están preparadas energética, emocional y mentalmente para recibir esa gran suma de dinero con la que sueñan. Según un análisis de la Universitat Oberta de Catalunya publicado en *La Vanguardia*, el 70% de los ganadores de lotería terminan arruinados en un plazo de cinco años. No solo económicamente, sino también mental y emocionalmente. En ocasiones, forzar que las cosas sean como lo deseas sin contar con la preparación adecuada puede ser perjudicial, por lo que cada vez que sientas que algo no está llegando a ti en el momento que esperas, cuestiónate qué podrías hacer para prepararte para recibir eso. Si estás deseando que llegue a ti un amor de pareja sano de interés mutuo, honesto, pregúntate qué puedes hacer para recibirlo. Hay un ejemplo muy claro. Llegó hace unos meses a nuestras sesiones una mujer guapísima que no parecía encontrar el amor de pareja. Le hicimos una pregunta clave: ¿qué ya no vas a poder hacer cuando tengas pareja? Una persona preparada para recibir ese amor sano hubiera tal vez dicho algo como: «Voy a poder hacer lo mismo, solo que a veces acompañada». Pero ella respondió que ya no iba a poder decidir su vida, que ya no iba a tener voz. Ahí estaba la llave. Ella necesitaba antes comprometerse consigo misma a escoger a alguien que respetara su voz, su decisión, su vida. El universo la estaba protegiendo: ella no había reconocido que guardaba en su interior la creencia de que los hombres que pudieran amarla no iban a respetarla lo suficiente como para que ella siguiera tomando decisiones sobre su vida. Cuando lo comprendió, todo empezó a cambiar. Quienes no saben leer los hilos más profundos de cómo se mueve todo, podrían decir que se dio por arte de magia, pero en realidad es alineación.

### 3. «Hay algo mejor para ti»

Puede llegar a suceder que lo que pediste no esté completamente alineado con lo que realmente necesitas o con tu mayor bienestar. En estos casos, el universo redirige tus pasos hacia algo que supera tus expectativas, aunque en el momento pueda ser difícil de comprender. Si le das espacio a la duda, puedes confundir el «Hay algo mejor para ti» con un «No, no te lo doy».

La combinación de la introspección (cuestionarte qué puedes hacer o soltar para manifestar lo que eliges) con la acción consciente honra estas tres respuestas y te permite fluir con el proceso divino. La obsesión, en cambio, lucha contra el tiempo y solo acepta el «sí» inmediato, lo que puede llevar a frustración y resistencia. Confiar en estas respuestas es abrazar la certeza de que todo llega en su momento perfecto. Dar espacio al tiempo divino no es solo un gesto de humildad ante algo que es mucho más grande que nosotros, sino también es dar espacio a que todo lo que suceda sea para tu más elevado bien y el de todos.

Para que te sea más sencillo reconocer, te vamos a decir las siete principales señales que revelan que estás moviéndote desde la obsesión:

- Pasas revisando constantemente si hay resultados o señales, al punto de que se vuelve una preocupación excesiva. En lugar de hacerlo como un chequeo natural y positivo, se convierte en una necesidad compulsiva que genera ansiedad.
- Sientes ansiedad cuando las cosas no suceden según tus expectativas.
- Tu mente gira constantemente alrededor de un solo objetivo, al punto de que todo lo demás pasa a segundo plano. Esta concentración desmedida consume la mayor parte de tu energía y atención, dificultando que disfrutes el presente o te enfoques en otras áreas importantes de tu vida.

- Te comparas constantemente con otros.
- Tu energía se drena en lugar de recargarse.
- Sientes que constantemente estás persiguiendo algo, como si siempre estuvieras un paso atrás de lo que quieres alcanzar. Puede que estés constantemente haciendo carrera contra el tiempo, lo que te deja sin espacio para disfrutar el presente.
- Has perdido la alegría, la paz o la motivación del proceso

### El reloj de arena

*Un hombre obsesionado con el tiempo sacudía su reloj de arena para que la arena cayera más rápido. Cuanto más lo agitaba, más se compactaba la arena, hasta que el flujo se detuvo por completo. Frustrado, lo golpeó contra la mesa... y el vidrio se rompió.*

*Moraleja: Forzar el ritmo natural ahoga el resultado. La obsesión no acelera el destino: lo quiebra.*

Parábola sufí contemporánea

Cuando actúas conscientemente, sientes la inspiración fluir a través de ti, algo muy diferente de la energía densa y pesada de la desesperación. Es como un río que encuentra su cauce natural. Aunque fluye con aparente facilidad, ese movimiento requiere adaptación. El agua toca cada espacio, se ajusta a los contornos del terreno y elige el curso que le ofrece mayor avance con la menor resistencia. Es esa capacidad de adaptarse lo que le permite avanzar con sabiduría y armonía, sin forzar su camino, sino fluyendo según lo que el terreno le brinda.

Alma hermosa, cuando te mueves de este modo, honras tanto el viaje como el destino. No estás simplemente persiguiendo un resultado; estás viviendo cada etapa del camino, permitiendo que cada experiencia te transforme y te enseñe. Es un estado que viene acompañado de paz interior, ya que sientes que, sin importar lo que suceda luego, ya has ganado. Como si cada célula de tu cuerpo supiera que estás exactamente donde debes estar.

Lo más fascinante es que, en lugar de agotarte, la acción consciente te energiza. Es como si te conectaras con una fuente casi inagotable de energía y con la sabiduría de que para cada cosa hay un espacio. Sin extremos, reconociendo los tiempos de tu vida. No es el agotamiento de nadar contra la corriente, sino la vitalidad de moverte en perfecta armonía con ella.

Tus deseos se manifiestan en tiempo divino cuando conectas con ese espacio sagrado entre el hacer y el soltar. Es como el momento perfecto entre la inhalación y la exhalación, ese punto de equilibrio donde todo es posible.

Nuestro método Desata tu Magnetismo te enseña a moverte con gracia entre el poder de la acción consciente y la sabiduría del desapego. No se trata de hacer más, se trata de hacer menos con estrategia. El control es una ilusión. Los principiantes se desgastan en el esfuerzo constante, mientras que los maestros saben que el poder real reside en la acción consciente combinada con saber cuándo soltar.

Observa a los grandes estrategas de la historia. Muchos comprenden que la obsesión mal colocada nubla el juicio y que la ansiedad por los resultados es el primer paso hacia el fracaso. Tu tarea no es forzar el universo a tu voluntad, sino moverte con tal precisión y claridad que tu deseo se manifieste de forma inevitable.

La mayoría fracasa no por falta de acción, sino por exceso de acción, falta de claridad o incapacidad de soltar. Como cuando te aferras a una relación que ya no fluye porque en tu mente piensas que esa persona puede cambiar. Muchos pierden oportunidades increíbles por miedo a soltar lo conocido. Todos hemos estado ahí en algún punto. Pero la verdadera maestría está en confiar; tu papel no es controlarlo todo.

La obsesión es repetir algo mil veces con la intención de forzar un resultado, viendo cada intento como un error o un obstáculo que te aleja de tu meta. Esta mentalidad genera frustración y refuerza la idea de que estás fallando. A diferencia de esto, la acción consciente consiste en repetir algo las veces que sea necesario, desde un lugar de confianza, entendiendo que cada intento es un paso más en el proceso. En lugar de ver esos pasos como errores, los reconoces como aprendizajes y ajustes que te acercan a lo que eliges manifestar. Esta perspectiva elimina de cierto modo la presión de hacerlo «perfecto», y te permite avanzar en sintonía con el momento y con mayor paz interior.

Las personas más disciplinadas entienden que el verdadero poder está en la acumulación de victorias diarias. El compromiso contigo y con tu meta te lleva a esos pasos que das cada día, escuchando tu intuición y ajustando tu rumbo. Eso tiene poder acumulativo. Como dice el antiguo proverbio zen: Siembra la semilla, riega la tierra y luego... suelta. La flor florece por sí misma.

Confía en el proceso. Confía en el tiempo divino. Confía en tu poder. Y sobre todo, confía en que tu destino puede ser más grandioso del que tu mente puede concebir, si así lo decides y vas por ello.

## LLAVES DEL SECRETO

- ✦ La obsesión es la resistencia o el miedo disfrazándose de determinación.
- ✦ Mientras más te obsesionas con un resultado, es probable que más te alejes de él.
- ✦ El universo tiene tres respuestas: «Sí, considéralo hecho», «Todavía no» y «Hay algo mejor para ti».
- ✦ La acción consciente consiste en repetir algo las veces que sea necesario, desde un lugar de confianza en el proceso.

## ACTIVACIÓN DEL SECRETO

*Es momento de integrar esta sabiduría en tu experiencia.*

1. Identifica un área en la que estés obsesionado con los resultados.

Piensa en algo que ocupe tu mente constantemente. Puede ser una meta profesional, una relación, tu imagen personal o cualquier aspecto en el que sientas ansiedad por alcanzar un resultado específico.

________________________________________

________________________________________

________________________________________

2. Reconoce el mensaje o la emoción detrás de la obsesión.

Pregúntate qué sientes alrededor de ese tema o cuestión. A veces, la raíz suele ser miedo (a no lograrlo, al rechazo, a la falta de control), dudas de si puedes lograrlo o una necesidad de validación externa. Por ejemplo, si estás obsesionado con tu desempeño laboral, tal vez el miedo de fondo sea «no ser suficiente». No hay respuestas incorrectas; solo permite que aparezca lo que sea que sientes, aunque no lo comprendas del todo.

________________________________________

________________________________________

________________________________________

3. Pregúntate qué puedes soltar para que eso fluya o para dejar de alimentar a la obsesión. Reflexiona sobre qué parte de la situación estás intentando forzar. Tal vez necesites soltar la idea rígida de cómo debería suceder, dejar de revisar constantemente los resultados, abandonar la creencia de que solo si sucede de cierta manera

serás feliz. O incluso abandonar una creencia que, en el fondo, te hace no querer lograr eso por lo que te estás esforzando.

---

---

---

4. Lleva a cabo una acción consciente desde un lugar de armonía entre hacer y soltar. Es importante que esta acción esté relacionada con el tema de tu obsesión, para ayudarte a redirigir la energía de manera saludable y alineada. No se trata de distraerte con cualquier cosa, sino de transformar la forma en la que te relacionas con eso que deseas, permitiendo que fluya sin tanta resistencia. Te vamos a dar algunos ejemplos para que te sea aún más sencillo de comprender.

- ✦ Si sientes obsesión por encontrar pareja, idealizas a las personas con las que sales, analizas cada interacción en busca de señales y sientes presión por encontrar a la persona indicada, una buena acción de redirección consciente sería que te enfoques en disfrutar de tu propia presencia y del proceso de conocer gente sin expectativas. Participa en actividades que realmente disfrutes y que te permitan conectar de manera más natural con otros.

- ✦ Si sientes obsesión por lograr un objetivo profesional, revisas métricas constantemente, te comparas con los demás y sientes que nunca es suficiente. Una posible redirección consciente es, en vez de enfocarte en el resultado inmediato, definir momentos específicos para evaluar tu progreso (por ejemplo, semanalmente) y organizar bien tu tiempo para cumplir con los tiempos que te piden.

- Si sientes obsesión por que algo suceda en un plazo específico y crees que si no logras manifestar tu meta en cierto tiempo, ya no servirá, una alternativa es preguntarte: si supiera que esto va a suceder en el momento perfecto, ¿cómo actuaría hoy, qué decisiones tomaría hoy? Evalúa tomar acciones desde esa mentalidad, enfocándote en lo que sí puedes hacer en el presente, sin la presión de controlar los tiempos. Esto funciona sobre todo en situaciones en las que no controlas los tiempos.

Escribe aquí abajo, con tanto detalle como puedas, la acción consciente que decides llevar a cabo. Si vas a hacer alguna actividad, aclara el día, cuánto tiempo, dónde, con quién y para qué eliges hacerla. De este modo, te recuerdas el fundamento y sus beneficios.

________________________________________

________________________________________

________________________________________

________________________________________

*Recuerda: La obsesión es la resistencia o el miedo disfrazándose de determinación.*

**MENSAJE**
**DEL UNIVERSO**

La mirada del águila sabe dónde poner su foco: no se desvía ni se obsesiona: se centra en lo esencial. *Ese enfoque afilado te permite disfrutar del proceso* sabiendo que lo que buscas ya está en camino hacia ti.

## ✦ Secreto 22 ✦

# HAZ QUE LOS MILAGROS SUCEDAN

Es hora de hacer que las cosas maravillosas no solo te pasen de vez en cuando, sino que se conviertan en tu nueva normalidad.

Un milagro es un suceso extraordinario que sorprende porque parece imposible de explicar con lo que sabemos o entendemos normalmente. Piensa ahora en cuántas cosas hoy en día no sabes cómo suceden, pero igual ves que pasan. Como la televisión, la radio o el internet. Un milagro en verdad es un evento inesperado y positivo que genera asombro porque rompe lo común o lo probable, pero no necesariamente tiene que ser algo sobrenatural. Un milagro suele ser algo que no entiendes cómo sucede, pero que, sin embargo, pasa. Por ejemplo, durante siglos los rayos fueron vistos como fuego divino o castigos de los dioses. Fue hasta 1752 cuando Benjamin Franklin, por medio de un experimento con una cometa y una llave, demostró que eso que parecía mágico era, en realidad, electricidad: una fuerza natural que hoy usamos todos los días para encender una luz o cargar un teléfono. Lo que ayer parecía un milagro es hoy parte de lo cotidiano. Esto no le quita poder al milagro, sino que permite que ese poder se ponga al servicio de la humanidad para manifestar resultados específicos que antes parecían imposibles. En pocas palabras, los milagros siguen las leyes de la naturaleza, pero la humanidad le atribuye ese nombre cuando aún no ha descubierto a profundidad su mecanismo.

Nosotras siempre hemos sido personas muy racionales; nos gusta analizarlo todo y encontrar el porqué de cada cosa. Por eso, al principio estábamos un poco cerradas a dejarnos sorprender. Sin embargo, los milagros han sido tan poderosos y frecuentes que se volvieron imposibles de ignorar.

Cuando comenzamos a ayudar a la gente muchos años atrás, fuimos testigos de los milagros y hoy seguimos viéndolos a diario. Eso es algo por lo que estamos profundamente agradecidas. Personas que no tenían empleo durante meses, luego de solo un encuentro con nosotras reciben el llamado para comenzar en el puesto que estaban esperando. Otras que no conseguían tener una relación sana y, días después de una sesión, conocieron a quien hoy no solo es su pareja, sino el padre de un bebé sano y lleno de amor. Madres de hijos que tenían algún problema de salud o enfermedad desde hace años han mejorado después de tan solo una hora con nosotras. Eso nos hizo creer en los milagros, por lo que sabemos que cosas extremadamante positivas pueden sucederte si te permites recibirlas y actúas en sintonía con lo

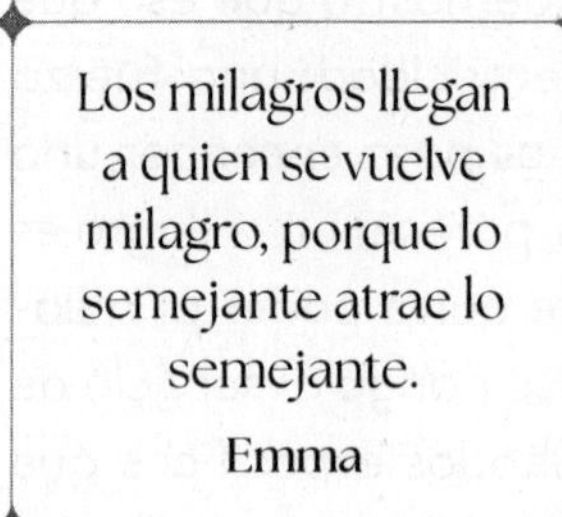


que eliges manifestar. Además, gracias a cuestionar tanto como nos es posible, hemos logrado comprender gran parte del mecanismo oculto que hace que las personas manifiesten cambios positivos en su vida de forma acelerada.

Llegamos a la última fase de Desata tu Magnetismo: la pieza final que convierte todo lo que has aprendido en un estilo de vida transformador. Hemos mencionado en repetidas ocasiones la importancia de la acción consciente y alineada. Llegó el momento de decirte qué quiere decir esto.

Los principiantes en el camino de la manifestación suelen buscar el gran momento, ese instante mágico donde todo cambia de golpe. Que, claro, puede suceder, pero no deberías hacer que tu vida dependa de esperar un solo gran momento caído del cielo. Los verdaderos maestros entienden una verdad más profunda: la magia no está en dar un paso a tus metas solo una vez, sino en la acumulación invisible de pequeñas acciones consistentes. Es como ahorrar dinero en un frasco. Al principio, una sola moneda parece no hacer la diferencia, pero si cada día agregas más, con el tiempo unos centavos al día pueden convertirse en miles de dólares. El proceso de manifestación funciona igual: cada pequeña acción consciente y alineada, cada decisión que tomas en sintonía con tus metas, cada momento de constancia, se acumula hasta crear algo extraordinario. En el obrar alineado encuentras en tu interior lo divino.

Hemos visto esta verdad manifestarse una y otra vez en nuestro trabajo y en nuestras vidas. La clave no está en los grandes saltos, sino en los pasos constantes que das en alineación con tus metas. La acción consciente tiene cinco elementos fundamentales:

1. **Repetición con intención.** No se trata de hacer por hacer. La acción consciente no es algo de solo una vez y punto. Lo que repites con intención se convierte en un patrón que moldea tu identidad y, por lo tanto, cambia tu realidad.
2. **Avance estratégico.** Toda meta tiene un orden lógico de acciones, y respetarlo acelera el proceso en lugar de frenarlo. Si decides ir al gimnasio y, en lugar de avanzar de forma progresiva, intentas levantar lo mismo que alguien con años de entrenamiento, puede que termines lesionándote, sintiendo frustración o rindiéndote. Es mejor que comiences con una rutina más suave y avances a una más intensa. Esto no significa que debas limitarte. Quiere decir que debes medir lo que realmente puedes hacer en determinado momento. La clave está en desafiarte sin forzarte al punto de lastimarte o tener que hacer pausas innecesarias por no haber escuchado tu propio ritmo o capacidades actuales. El progreso real ocurre cuando encuentras el equilibrio entre empujar tus límites y respetar tu proceso.
3. **Adaptación y ajuste.** No todo obstáculo significa que debas rendirte, pero tampoco significa que debas seguir igual. Si algo no está funcionando, no

sigas en automático: observa, ajusta y mejora. Algunas resistencias solo ponen a prueba tu compromiso, otras indican que es momento de cambiar la táctica. La clave es evaluar, corregir y seguir avanzando con inteligencia.

4. **Dirección.** La acción consciente no flota en el aire, no está separada del resto de tu vida: es parte de una estructura más grande, de tus sueños y metas. Si no tienes claro qué quieres, para qué lo quieres y qué vas a hacer para llegar a tu meta, cada paso será improvisado. Trazar un plan es clave. La claridad en la dirección le da poder a cada movimiento.
5. **Expansión.** Cada acción bien dirigida tiene el poder de abrir caminos y oportunidades que no habías previsto. Lo que haces genera respuestas en el mundo, conexiones inesperadas y resultados que no puedes calcular desde la lógica. La repercusión de lo que haces (desde la conciencia o la inconsciencia) no es lineal, es mucho más amplia que eso.

La acción consciente es el arte de construir tu vida, un día a la vez, tomando las decisiones que sabes que te llevan en dirección a tus metas y sueños.

Algo que vemos repetirse con bastante frecuencia en las personas es que la gran mayoría pospone hacer las pequeñas acciones repetitivas que les llevan a manifestar sus metas porque están a la espera de que aparezca una gran acción que genere el cambio.

Y es comprensible, porque con el auge de las redes sociales y el acceso rápido a casi todo, se ha vuelto más común buscar gratificación instantánea. Cada mensaje o comentario que recibes de validación pueden generar pequeñas descargas de dopamina, asociada con la motivación y la recompensa. Con el tiempo, esto puede hacer que el cerebro se acostumbre a buscar estímulos inmediatos y de alto impacto, reduciendo la tolerancia a procesos más lentos y constantes. Esto puede incluso llevarte a hacer cosas que sabes que no te suman, como pasar horas mirando las redes sociales en lugar de hacer la pequeña acción que sabes que te lleva a poner tu granito de arena para el futuro que sueñas construir.

La dopamina está directamente relacionada con la motivación, lo que significa que influye en cómo percibimos el esfuerzo y la recompensa. Cuando el progreso es gradual y acumulativo, no genera los mismos picos de dopamina que un logro inmediato o un cambio drástico. Esto hace que sea más fácil perder de vista el valor del esfuerzo sostenido, ya que al principio los avances pueden parecer demasiado pequeños como para sentirse significativos. Hay un concepto errado alrededor de manifestar metas: muchos creen que la motiva-

### La cigarra y la hormiga

*Durante el verano, una cigarra se dedicaba a cantar y disfrutar del buen tiempo, mientras que una hormiga trabajaba arduamente recolectando alimentos para el invierno. Cuando llegó el frío, la cigarra, sin provisiones, acudió a la hormiga en busca de ayuda. La hormiga le preguntó:*

*—¿Qué hiciste durante el verano?*

*La cigarra respondió:*

*—Cantaba y me divertía.*

*—La hormiga replicó:*

*—Si cantabas mientras yo trabajaba, ahora baila mientras yo como.*

*Moraleja: Disfrutar del presente es importante, pero también lo es prepararse para el futuro.*

Esopo

ción te va a acompañar a diario, pero lo cierto es que la mayoría de las veces, la disciplina y el recordarte para qué lo haces son lo que te mantiene en camino hacia tus sueños.

Cuando pones mayor foco en el corto plazo, la constancia puede parecer menos atractiva en comparación con la gratificación instantánea. Pero, en realidad, es la acumulación de pequeñas acciones lo que produce los cambios más profundos y sostenibles a largo plazo. Por eso es importante que tengas un sistema que te facilite el sostener una rutina que vaya de la mano con tus metas, incluso en los días en que no tienes motivación.

Algo que solemos recomendar a las personas que posponen hacer aquello que saben que les va a llevar a un crecimiento a largo plazo es hacer un ritual de concreción. Es un buen paso para comenzar.

Es realmente un ejercicio simple. Durante siete a 14 días seguidos, escoges de una a tres acciones que te lleven a tu crecimiento a mediano o largo plazo. Puede ser algo que te tome cinco minutos o más; tú lo determinas. Antes de hacer cada una, es importante que las escribas a mano, haciendo una lista. Puedes hacer la misma actividad cada día o dividir una tarea en pasos más pequeños.

No tienen que ser grandes gestos, sino cosas puntuales, claras y sencillas. Podría ser tan simple como postularte a tres trabajos cada día si tu meta es manifestar un nuevo empleo. Dedicar en tus mañanas 15 minutos diarios a tu nuevo proyecto si estabas posponiendo comenzar. Si tu meta es mejorar tu relación de pareja, pero siempre están ocupados con el trabajo o las pantallas, dedicar de cinco a 10 minutos diarios a conversar sin distracciones puede dar espacio a reconectar.

Esas supuestamente pequeñas acciones comienzan a crear un efecto acumulativo. Ahora, algo que decimos es que al realizar esa acción, en lugar de tacharla como hecha, la palomees. Eso marca una sutil pero crucial diferencia entre verlo como un peso que te tienes que quitar de encima y un objetivo logrado. Eso te lleva a verte como una persona que cumple sus propias promesas. El ritual de concreción construye tu confianza en ti, paso a paso.

Una vez que terminas esos siete a 14 días, puedes escoger si quieres repetirlo con otros objetivos.

La transformación no ocurre en un instante dramático, sino en el espacio sagrado de la consistencia alineada con tus metas y sueños. Cada pequeña acción es una declaración al universo. Cada paso alineado es una afirmación de tu compromiso con tu evolución y progreso.

Mientras que los sueños te inspiran con posibilidades infinitas, las metas son el camino para hacerlos realidad. Los sueños son tu para qué, lo que te mueve. Las metas, en cambio, son el qué vas a lograr, y los objetivos son los pasos específicos que determinan qué vas a hacer, cuántas veces, durante cuánto tiempo y en qué momento.

Los sueños son el punto de partida, las grandes aspiraciones que te inspiran y te llenan de energía. Sin embargo, un sueño por sí solo no tiene estructura ni dirección. Para hacerlo realidad, necesitas convertirlo en una meta clara y alcanzable.

Pero definir una meta tampoco es suficiente. Para llegar a ella, necesitas establecer objetivos específicos, que son los pasos concretos que te acercan a tu meta.

Un sueño es la visión general, el deseo que te impulsa. Por ejemplo, puedes soñar con estar más saludable. Sin embargo, esa idea es demasiado amplia y abstracta. Para que tenga un verdadero impacto en tu vida, es clave convertirlo en una meta concreta, como mejorar tu salud bajando cinco kilos en tres meses y adoptando una rutina de ejercicio regular.

> Una vida sin propósito es como conducir con el tanque vacío, tarde o temprano te quedarás varado.
>
> Ale

Pero incluso una meta clara necesita una hoja de ruta, y ahí es donde entran los objetivos. Ellos son los pasos específicos y medibles que te permiten avanzar de manera progresiva y sostenida a tus metas y sueños.

A continuación vamos a compartirte un método práctico para definir metas claras y objetivos específicos para manifestar tus sueños.

El primer paso es definir tu meta, que es el resultado concreto que quieres lograr. No es una idea vaga ni un deseo indefinido. Una meta bien formulada debe cumplir estos criterios:

✦ **Específica:** debe estar claramente definida. Si tu sueño es sentirte saludable, pregúntate qué significa eso para ti. Puede que sea bajar cinco kilos en tres meses y mejorar tu resistencia física, o tal vez dejar de fumar y adoptar una alimentación más equilibrada. Mientras más claridad tenga tu meta, más fácil será avanzar.

- **Medible:** debe permitirte evaluar tu progreso. Si tu meta es mejorar tus finanzas, ¿cómo sabrás que lo lograste? Puede ser ahorrar 3000 en seis meses, reducir tus deudas en un 30 por ciento o aumentar tus ingresos en 500 al mes. Sin una métrica clara, es difícil saber si realmente estás avanzando.
- **Alcanzable:** debe ser algo que puedas sostener sin afectar tu bienestar. Tal vez no sea saludable para ti intentar perder 10 kilos en un mes o entrenar tres horas diarias si hace años que no te ejercitas. En vez de eso, podrías empezar con una rutina de 30 minutos al día e ir aumentando progresivamente. Lo importante es que la meta se ajuste a tu ritmo y no genere un impacto negativo en tu cuerpo o en tu vida.
- **Relevante:** no siempre vas a tener motivación, y ahí es donde el motivo por el cual lo haces marca la diferencia. Si la meta no tiene un significado profundo para ti, será más fácil abandonarla cuando las ganas desaparezcan. Pregúntate para qué quieres lograrlo: ¿para sentirte con más energía?, ¿para mejorar tu salud a largo plazo?, ¿para demostrarte que eres capaz? Cuanto más fuerte sea tu motivo, más fácil será sostener la acción, incluso en los días difíciles.

- **Con un tiempo límite:** sin una fecha clara, una meta se convierte en un deseo sin dirección. No es lo mismo decir «Quiero aprender un idioma» que «Alcanzar un nivel intermedio de inglés en seis meses, estudiando 30 minutos al día de lunes a viernes». Definir un plazo te ayuda a comprometerte y medir resultados. Además de eso, permite que no te desgastes intentando improvisar lugares nuevos en tu agenda o que te olvides al no tener definido qué espacio ocupa esa meta en tu vida.

Una vez que has logrado definir tu meta, es momento de establecer objetivos específicos. Son pasos concretos que te llevan hacia tu meta, alma hermosa. Tus objetivos también deben cumplir los mismos principios: deben ser específicos, medibles, alcanzables, relevantes y con un tiempo definido. Un buen objetivo es:

- **Específico:** un objetivo debe ser claro y detallado. No basta con decir «Voy a hacer ejercicio», sino definir exactamente qué harás. Puede ser «Voy a practicar yoga tres veces por semana durante 45 minutos». Lo mismo ocurre en otras áreas: no es lo mismo decir «Quiero ahorrar dinero» que decir «Voy a transferir 100 cada viernes a mi cuenta de ahorros». A mayor precisión, menor espacio habrá para dudas que te lleven a la procrastinación.

- **Medible:** si no puedes medir tu avance, no sabrás si realmente estás progresando. Un objetivo medible responde a preguntas como cuánto, cuántas veces, durante cuánto tiempo. Si tu meta es mejorar tu salud, podrías medirlo con el tiempo de ejercicio por semana, los kilómetros recorridos o los hábitos alimenticios cumplidos. Si el objetivo es financiero, podrías establecer una cantidad exacta de dinero a ahorrar cada mes.
- **Cuestiónate si te sientes capaz de lograrlo:** creas lo que crees. Si un objetivo te genera dudas o te parece demasiado desafiante, ajústalo de manera que puedas sostenerlo con confianza. Si nunca has corrido, podrías empezar con «Voy a caminar 20 minutos al día e ir aumentando cinco minutos cada semana». Lo importante es que cada paso refuerce tu sensación de logro y no se convierta en una carga que termine agotándote mentalmente. Dividir tus objetivos en etapas es recomendable cuando sientes que estás lejos de tu meta, o cuando aún no logras visualizar eso como una realidad. Sabes que es posible, pero sientes la lejanía. Esto puede aplicarse por ejemplo a un momento de tu vida en que estás comenzando a sanar una dolencia o un malestar que llevas transitando durante varios años. Si no te sientes capaz de lograrlo, no quiere decir que tengas que renunciar a tu meta, sino que

es clave para ti dividir tu meta en escalones o etapas más manejables.

- **Con un cuándo y un dónde:** un objetivo sin un tiempo y un espacio definido queda en el aire. No es lo mismo decir «Voy a leer más» que «Voy a leer 20 minutos cada noche en la sala antes de dormir». Del mismo modo, no basta con decir «Voy a reducir mis gastos». Es más concreto decir «Voy a cancelar las tres suscripciones que no uso antes del 10 de este mes». Al definir cuándo y dónde, eliminas la ambigüedad y te comprometes con la acción.
- **Hazlo accesible para ti:** no puedes depender de las ganas. Hacer accesible un objetivo te ayuda a mantener constancia cuando la motivación se ha ido. Habrá días en los que no sentirás el mismo impulso inicial, y ahí es donde entran en juego las estrategias. Diseña pequeños sistemas que te ayuden a seguir adelante incluso cuando no tengas ánimo. Si tu objetivo es hacer ejercicio, puedes preparar tu ropa la noche anterior, definir de antemano qué rutina te toca hacer, establecer recordatorios o tener un ritual previo que te active, como ponerte de alarma una canción motivadora. Si tu objetivo es financiero, automatizar tus ahorros te permitirá cumplir sin esfuerzo, transfiriendo una parte de tu salario a una cuenta separada antes de que puedas gastarlo. La clave es no depender de tu motivación, sino ayudarte con

acciones que te hagan más fácil mantener el compromiso.

Primero, conviertes tu sueño, eso que tanto te inspira, en una meta bien definida. Luego, la traduces en objetivos concretos y medibles. Un objetivo bien definido no deja espacio para interpretaciones vagas ni para excusas. Es claro, medible, alineado con lo que quieres y tiene un tiempo y un lugar específicos para hacerse realidad. Mientras más claridad tengas en cada paso, menos dependerás de la motivación y más fácil será avanzar con determinación.

Puede que no disfrutes de cada momento del proceso, pues habrá objetivos con los que sientas mayor afinidad y otros menos, pero sí puedes buscar formas de hacerlo más llevadero y hasta agradable. Escuchar música, practicar gratitud por cada logro o enfocarte en lo que estás ganando puede marcar una gran diferencia.

Asegúrate de revisar tu progreso cada cierto tiempo para saber si es ideal continuar con la misma estrategia o si es momento de reajustar algo. Este seguimiento te permitirá mantenerte flexible y adaptar tu plan si es necesario, sin perder de vista tus sueños y metas.

Cuando tienes claras tus metas y tomas acción para que te pasen cosas positivas, hay un elemento que amplifica aún más tu capacidad de recibir bendiciones: el agradecimiento. El agradecimiento aumenta la receptividad a que sucedan cosas positivas porque cambia la forma en la que percibes y respondes a la vida. Cuando agradeces, reconoces lo que ya tienes, y entrenas tu mente para enfocarse en lo positivo, lo que amplía tu capacidad de notar oportunidades y recibir más de lo que deseas. Esto no quiere decir caer en la positividad tóxica, donde te niegas a ver los problemas; significa que reconoces tu capacidad de encontrar soluciones y respuestas.

Los sabios saben y la neurociencia ha demostrado que el hábito de agradecer activa circuitos en el cerebro asociados con el bienestar y la toma de decisiones. No se trata de una idea mágica, sino de un mecanismo real: cuando te enfocas en lo que valoras en lugar de lo que falta, tu cerebro filtra la información de manera diferente, permitiéndote ver caminos y oportunidades que antes pasaban desapercibidos.

El agradecimiento también cambia tu energía y la manera en que te relacionas con el mundo. Una persona que aprecia lo que tiene tiende a actuar con más confianza, a generar mejores conexiones y a atraer más situaciones positivas. No significa ignorar los desafíos o conformarse con lo que hay, sino reconocer lo bueno mientras sigues avanzando.

Un detalle clave es agradecer desde la certeza, no desde la carencia. No es lo mismo decir «Agradezco porque espero que algo bueno me pase» que «Agradezco porque sé que siempre hay algo bueno para mí». En el primer caso, tu gratitud depende de que algo externo suceda primero, lo que te deja en una posición de espera y refuerza la sensación de que aún falta algo para sentirte pleno. En cambio, en el segundo ejemplo, al agradecer desde la certeza, reconoces que ya hay razones para estar bien aquí y ahora, lo que te coloca en una actitud de apertura y confianza.

El agradecimiento, cuando es una reacción a lo que ya tienes, es positivo. Pero es aún más poderoso cuando se convierte en una práctica diaria, ya que así moldea tu percepción y tu energía. No basta con agradecer ocasionalmente: es crucial integrarlo como una forma de vivir. Cuanto más entrenas tu mente para notar y valorar lo positivo, más natural se vuelve atraer experiencias alineadas con esa frecuencia. No se trata de ignorar lo que aún deseas cambiar, sino de fortalecer la capacidad de ver lo que ya está funcionando mientras sigues avanzando.

Recuerda, aquí está la clave: lo que agradeces, crece. Al enfocarte en lo que valoras y aprecias, refuerzas esos mismos patrones en tu mente y en tu entorno. Expresar gratitud de manera constante no solo mejora tu estado emocional, sino que también genera una energía que fortalece tus relaciones, te abre a nuevas oportunidades y te ayuda a moverte con más seguridad y estabilidad. El simple acto de agradecer se convierte en una herramienta poderosa para atraer y sostener lo que realmente deseas.

Agradecer no solo honra lo que tienes y lo que recibes. También amplía tu percepción para notar aún más cosas extraordinarias a tu alrededor. Al cultivar una actitud de agradecimiento, lo que antes dabas por sentado (la comida en tu mesa, una llamada de alguien que te quiere o cualquier cosa cotidiana) empieza a sentirse como un gran regalo. Y desde ahí estás tomando el poder del presente, que es donde los milagros hacen su hogar. Es en ese estado de agradecimiento y apertura donde los milagros se multiplican en tu vida. Abre las manos, sonríe y déjate sorprender, alma hermosa. Este es tu momento de hacer que los milagros fluyan de manera natural en tu vida.

## LLAVES DEL SECRETO

- ✦ Tus sueños cobran vida cuando los conviertes en metas y objetivos
- ✦ El progreso real ocurre cuando encuentras el equilibrio entre empujar tus límites y respetar tu proceso.
- ✦ Algunas resistencias solo ponen a prueba tu compromiso, otras indican que es momento de cambiar la táctica.
- ✦ El agradecimiento aumenta la receptividad a que te pasen cosas positivas.

## ACTIVACIÓN DEL SECRETO

*Es momento de integrar esta sabiduría en tu experiencia.*

1. Escribe los sueños que deseas manifestar en tu vida, los que sientas más importantes hoy en día.

______________________________________

______________________________________

______________________________________

2. Tómate un momento para cerrar los ojos y visualizarte logrando esos sueños. Los lograste. Ya son parte de tu vida. ¿Qué se siente? Escribe las emociones que experimentaste al visualizarte habiendo manifestado tus metas y cualquier detalle, como qué gesto viste en tu rostro y cómo se sentía tu cuerpo.

______________________________________

______________________________________

______________________________________

3. Cierra tus ojos nuevamente y visualiza un momento en tu vida en el que ya hayas sentido esas emociones, aunque haya sido en una situación diferente. ¿Cuándo lo sentiste, en qué situación? Reconocer ese otro momento te recuerda que ya antes has logrado sostener esa frecuencia.

______________________________________

______________________________________

______________________________________

4. A partir de estas emociones que has sentido, ¿cuáles eliges comenzar a reforzar en tu vida desde hoy? ¿Cómo puedes darles mayor espacio y traerlas a tu día a día?

______________________________________

______________________________________

______________________________________

Te hemos compartido nuestro método Desata tu Magnetismo y te hemos revelado estos poderosos secretos, que no solamente nos han permitido sanar, reclamar nuestro poder y manifestar, sino que también nos han permitido ayudar a miles de personas a transformar sus vidas.

Durante este viaje has atravesado una transformación profunda en cuerpo, mente y alma. Comenzaste el camino de sanación, reconectando con tu esencia y liberándote de heridas del pasado. Recuperaste tu poder personal, aprendiendo a establecer límites saludables y a honrar tu verdad. Finalmente, descubriste las llaves para activar tu poder de manifestación. Y ahora comprendes que la acción consciente y alineada es lo que convierte todo este fuego interior en una nueva realidad.

La verdad más poderosa es que todo lo que has aprendido no es nuevo para ti; puede que en el fondo ya lo supieras... simplemente has despertado al poder que siempre ha estado dentro de ti. Cada secreto ha sido un recordatorio de tu naturaleza divina como alma creadora consciente de tu realidad.

Recuerda:

- Tus decisiones crean tu destino.
- Tus creencias forman tu realidad.
- Tu energía es una llave maestra que atrae lo que vibra en sintonía.
- Tu poder de soltar expande tus posibilidades.
- Y tu acción consciente y alineada te lleva a manifestar tus sueños.

## Método de manifestación: portal a tu nueva realidad

Ahora vamos a activar el portal a tu nueva realidad. Este es un método de activación en tres pasos muy poderoso para manifestar. Tómate tu tiempo para hacerlo sin apuro. Puedes hacerlo las veces que lo sientas y modificarlo las veces que lo sientas.

- ✦ En el primer paso vamos a activar el agradecimiento y la apertura al cambio. Vas a escribir:

*Yo, {tu nombre y apellido completos}, aquí y ahora declaro que comencé una nueva etapa. Agradezco y multiplico todo lo que me suma y me conecta con mi nuevo estado de ser. Doy gracias a: {coloca todo lo que agradeces en forma de lista}.*

Escribe una lista con logros tuyos, personas por las que agradeces, aprendizajes que has incorporado, recuerdos que te llenan el corazón, fortalezas que reconoces en ti, oportunidades por las que quieres dar las gracias, etcétera.

Una vez que terminaste con tu lista de las cosas que agradeces en tu vida, escribe: «Al agradecer, multiplico la llegada de todo lo bueno a mi vida». Termina colocando tu firma y la fecha.

______________________________________________

______________________________________________

______________________________________________

______________________________________________

______________________________________________

______________________________________________

- ✦ En la segunda parte vas a estar escribiendo aquí la siguiente frase:

*Yo, {tu nombre y apellido completos}, aquí y ahora decreto que todas las partes de mí sienten, saben, reconocen que merezco y que estoy listo para manifestar mis sueños y metas.*

Después comienza a escribir en presente y en positivo lo que eliges manifestar, describiendo todo con claridad como si ya estuviera sucediendo. Asegúrate de aclarar cómo te sientes al manifestar esos sueños. Escribir en presente y en positivo significa que, en lugar de decir que vas a hacer algo, estás diciendo que ya lo haces, y haces foco en lo que sí quieres y en lo que sí haces en lugar de enfocarte en lo que no quieres o no haces. Tómate un momento para conectar con las emociones y sentimientos que eso te lleva a experimentar.

Si eliges manifestar una relación sana, podrías escribir: «Estoy en una relación basada en respeto, amor y confianza mutua. Nos comunicamos de forma abierta y honesta, nos apoyamos mutuamente y construimos cada día una conexión más profunda. Tanto yo como mi pareja nos sentimos a salvo en la relación, en paz y completamente amados el uno por el otro». Ten en consideración lo que es importante para ti. Si, por otro lado, tu meta es financiera, puedes escribir algo como: «Mis ingresos fluyen con facilidad. Tengo estabilidad económica, mi cuenta de ahorros crece constantemente y disfruto de una relación sana con el dinero. Me siento en paz y siento orgullo de mí». Si es tu primera vez haciendo algo de este estilo, te recomendamos hacerlo máximo con tres sueños, para evitar que tu energía se disperse.

Termina colocando tu firma y la fecha.

______________________________________________

______________________________________________

______________________________________________

______________________________________________

______________________________________________

✦ Para la tercera parte, vas a escribir en un nuevo párrafo:

*Yo, {tu nombre y apellido completos}, aquí y ahora declaro que comencé una nueva etapa alineada con mis sueños y metas. Tengo la bendición de mis ancestros y de la energía divina. Me comprometo aquí y ahora con mis objetivos, porque lo merezco y lo elijo.*

Ahora escribe de uno a tres objetivos concretos que te acerquen a lo que deseas. Los escribes en presente y en positivo. Como ya sabes, esto quiere decir que en lugar de decir que vas a hacer algo, dices que ya lo haces. Por otro lado, haces foco en lo que sí quieres y en lo que sí haces en lugar de enfocarte en lo que no quieres o no haces.

Tus objetivos deben ser específicos y medibles, importantes para ti, con un *cuándo* y un *dónde* definidos, con un plan para sostenerlos incluso sin motivación.

Si eliges manifestar conocer a una persona con quien tener una relación amorosa de pareja saludable, un objetivo podría ser: «Asisto a una clase de yoga en diferentes escuelas de yoga de mi zona. Lo hago una vez a la semana, los días miércoles por la tarde al salir de trabajar. Programo y escojo la semana anterior la clase que más me gusta. Es muy sencillo para mí, porque al salir del trabajo los miércoles, tengo ya en mi carro mi muda de ropa para ir directo a la clase. En el estudio, antes de comenzar la clase o después de ella, entablo una conversación con al menos una persona que me resulte amigable en cada ocasión. Puede ser una conversación de solo unos minutos. Si hay alguien con quien sienta una conexión interesante, propongo mantener el contacto con naturalidad».

Si eliges manifestar estabilidad financiera, un objetivo claro sería: «Ahorro una parte de mis ingresos cada mes. Programo una transferencia automática a mi cuenta de ahorros el primer día de cada mes, para de este modo asegurarme de cumplirlo sin depender de la fuerza de voluntad. Cada transferencia es del 10 por ciento de mi salario mensual».

Una vez que escribiste los objetivos, pon tu firma y anota la fecha al final. Esto sella tu compromiso con lo que escribiste y envía un mensaje claro a tu mente y al universo de que esto ya está en proceso de manifestación.

______________________________________________

______________________________________________

______________________________________________

______________________________________________

______________________________________________

______________________________________________

*Siente esa energía activándose en ti. El universo está moviéndose a tu favor. La abundancia fluye en tu dirección. La magia está preparada para convertirse en tu nueva normalidad. Está en ti la decisión de decirle «sí» a esa nueva realidad. Es tu momento. Es tu poder. Es tu destino.*

MENSAJE
DEL UNIVERSO
No necesitas buscar más:
la fuente ilimitada de
poder está en ti. *Desde esta*
*energía, los milagros fluyen*
*en tu vida*. Aquí y ahora
tienes el poder de convertir
lo que quieras en oro.
@aletumentora
@gurudelacalma

# ✦ TU PODER EN ACCIÓN ✦

Mientras integrabas la sabiduría del código del poder personal, algo extraordinario tuvo lugar: tu alma rompió cadenas invisibles que la mantenían atada a pensamientos que la limitaban. Has recordado una verdad que llevabas grabada desde antes de nacer, y es que no viniste a este mundo a vivir en automático, sino a prosperar y explorar el mundo a través de lo que eliges que sea tu vida.

A lo largo de estos 22 secretos, algo dentro de ti se ha estado reconstruyendo. Cada página y ejercicio ha sido una clave, una puerta que activa tu verdadero poder. Podrías haberte rendido cuando el proceso se volvió incómodo. Las estadísticas dicen que la mayoría de la gente abandona su proceso de transformación cuando se vuelve desafiante. Pero tú no lo hiciste, alma hermosa. Algo profundo en tu interior sabía que era momento de despertar la gran verdad: no viniste sin herramientas, has nacido con un código sagrado que está ahora despierto en tu interior. Y su poder no se limita a tu mente, sino que se refleja en tu mundo exterior y te conecta con otros.

No atravesaste este proceso por casualidad. Lo hiciste porque entendiste algo fundamental: el conocimiento sin aplicación carece de fortaleza. Ahora posees los secretos precisos para moverte por la vida desde tu autonomía y sabes cómo utilizar esta sabiduría para tu más elevado bien. Tienes el manual completo de tu propio poder y tienes todo para usarlo.

En este preciso instante tienes el Código para moverte por la vida con la actitud que hace que lo que realmente eliges se manifieste en tu vida. Sabes cómo funciona tu mente, cómo se mueve la energía, cómo plantearte objetivos y cómo manifestar tus metas. Has descubierto algo que casi todos ignoran toda su vida: tu verdadero poder no tiene límites y ahora tienes una guía clara para transformar cualquier limitación en combustible para tu expansión.

Ya recorriste el proceso y algo en ti se transformó para siempre. Ahora la decisión es sostenerlo, integrarlo y dejar que cada desafío sea el lugar donde esa nueva versión tuya se afirme y se expanda. Ahora tienes la oportunidad de elegir si lo continúas aplicando en tu día a día. Todos cambian después de este recorrido, pero quienes deciden integrarlo y vivirlo a diario manifiestan un cambio aún más profundo, en el que cada desafío se convierte en una oportunidad de manifestar lo que deseas. Tu poder personal no se ejercita cuando nada sucede en tu vida, alma hermosa. Los desafíos son tu oportunidad de afianzar esta nueva versión de ti que se mueve consciente de su poder y magnetismo.

La vida es un proceso y tú constantemente te estás transformando. Los momentos en que tu mente o tu cuerpo quieren regresar a los patrones antiguos son la prueba de fuego que ahora sabes cómo pasar. Cada vez que apliques estos secretos, en lugar de reaccionar desde el miedo, tu alma se volverá más poderosa y más consciente. No te tomarás los desafíos como algo personal, sino que los utilizarás como escalones para lograr tus metas y mejorar.

Después de integrar estos 22 secretos, ya no querrás volver a involucrarte en dramas que te drenan energía, porque sabrás que lo que dice alguien de ti habla más de esa persona que de ti. Y cuando alguien intente arrastrarte a conversaciones de escasez o victimismo, simplemente sonreirás y elegirás habitar otra frecuencia. Has tomado conciencia de tu mundo interno, y desde ese lugar actúas con merecimiento y amor: aplicas sanación profunda en cada parte de ti que necesita tu atención y reconocimiento. No te niegas lo que sientes: lo escuchas y lo recibes como un mensaje claro que te lleva a tu bienestar.

Tu nueva realidad es innegable. Después de integrar estos 22 secretos, ya no eres la misma persona que abrió este libro. Es clave que sepas que esta transformación es tan natural que a veces puede ser fácil olvidarte de que eras una persona diferente antes de comenzar a leer la primera página. Así, vamos a tomarnos un momento para que honres a quien eras y a quien eres hoy.

Anota tres cambios o logros positivos que hayas vivido en el proceso de activar el código de tu poder personal:

______________________________________________

______________________________________________

______________________________________________

Los desafíos son la oportunidad perfecta para potenciar tu transformación y afianzar tu poder personal. Donde antes veías problemas, ahora vas a ver entrenamiento y aprendizaje.

No todos miran sus heridas y ven puertas hacia la sabiduría. De hecho, muchos ven lo contrario: una oportunidad perfecta para quedarse pequeños y vivir con miedo. Y hoy te celebramos, alma hermosa, porque has elegido el camino que te empodera y te permite vivir con mayor bienestar. Por supuesto, nadie espera que domines esto de la noche a la mañana: el poder personal se fortalece con cada decisión consciente. Así es como sucede la verdadera transformación. El camino es habitar estos secretos y volver a ellos una y otra vez, practicarlos hasta que sean parte de ti.

Tienes la preparación para vivir una vida de creación y manifestación consciente. Llevas en tu interior una fortaleza divina y la claridad de una mente despierta. Sabes que la vida es un lienzo en blanco que espera a que tomes el pincel. La sabiduría y los ejercicios que has incorporado en este libro ya han ayudado a millones de almas a crear algo hermoso en sus vidas. Lo que alguna vez limitó tu poder, hoy nutre lo que eliges crear. El código del poder personal está activado y se convierte en tu nueva filosofía de vida.

En este mismo instante, pon una mano sobre la portada del libro y repite en voz alta: «Mi poder personal está activo en todo momento y en todo lugar».

Cada vez que vuelvas a colocar tu mano sobre la portada con intención, vas a estar reactivando esta energía de poder. Vive desde el poder que ya es tuyo, el que ya reclamaste. Manifiesta desde tu merecimiento y tu magnetismo. Ama cada instante de tu vida, porque es tu obra de arte, y ahora eres artista. Este es tu nuevo arte de vivir.

Lluvia de bendiciones y muchísimo amor.
Sigue brillando.

Ale y Emma

DICEN QUE, DESPUÉS DE AÑOS BUSCANDO LA ILUMINACIÓN, EL BUDA SE RINDIÓ. Y FUE ESA MISMA NOCHE CUANDO SE ILUMINÓ.

# ✦ AGRADECIMIENTOS ✦

Cada obra transformadora nace de una red invisible de personas que, de manera consciente o inconsciente, tejen el camino hacia su gestación. Este libro no es la excepción. Agradecemos a nuestras familias y nuestros ancestros por darnos las raíces necesarias para hacer este libro una realidad. Gracias a la familia de Ale, y gracias a la de Emma y a los tres ángeles que la acompañan desde el amor incondicional: su mamá Silvia, su abuela Susana y su tía Ale.

Dejamos plasmado nuestro profundo agradecimiento a Cristóbal Pera y Fernanda Martínez. Su visión y guía han convertido una idea poderosa en una herramienta de transformación.

A todos nuestros maestros y mentores, que han iluminado nuestro camino con su sabiduría y experiencia. Incluso aquellos que intentaron detenernos o apagar nuestra luz. Su resistencia nos enseñó a construir fortaleza. Como dice un antiguo proverbio, «cuando te lancen piedras, úsalas para construir tu imperio». A nuestras comunidades en redes sociales, esas miles de almas hermosas que nos inspiran cada día con sus historias de transformación y coraje. Sus victorias son nuestras victorias.

Y a ti, alma hermosa. Tener esta obra en tus manos te convierte en parte de una red de almas valientes y audaces que se atreven a reclamar su poder. Este libro no solo cuenta nuestra historia: también celebra la tuya. Te mueves diferente cuando entiendes tu poder. Este código es la prueba viviente. Te celebramos por atreverte a soñar en grande, a desafiar las normas impuestas y a reclamar lo que mereces. Eres un alma muchísimo más poderosa y sabia de lo que imaginas.

Gracias, universo. Gracias, Dios, gracias por tanto.

Lluvia de bendiciones y muchísimo amor.

Sigue brillando.

Ale y Emma